Der Berliner Waldfriedhof Heerstraße

Dietmar Strauch
mit Fotos von Lisa Vanovitch

Der Berliner Waldfriedhof Heerstraße

Geschichte – Biographien – Rundgänge

edition progris
2., überarbeitete Ausgabe
Berlin 2022

Inhalt

Herzlich Willkommen!

Ein Spaziergang auf einem größeren Friedhof nähert sich mitunter dem Schrittpensum einer kleineren Wanderung. Und da man hier weder auf Kraftfahrzeuge, Fahrräder noch Hunde achten muss, bereitet solch eine Wanderung besondere Freude. Und wenn man solch traumhafte Natur wie hier zwischen Wasser und Wald genießen kann, ist die Freude doppelt. Der Gang um den „Sausuhlensee" ist ein besonders schönes Erlebnis.

30 Jahre vor der Einrichtung des Friedhofs beschreibt Theodor Fontane 1894 die Gegend, die damals offenbar noch weit ab jeder Zivilisation lag:

> *Diese Parthie ist eine der schönsten, welche der Grunewald aufzuweisen hat. Berg und Thal wechseln in lieblicher Folge mit einander ab und besonders in den Sausuhlenschluchten können wir ganz und gar vergessen, daß wir uns in der „ebenen" Mark Brandenburg befinden. Dabei hat der Wald einen dem Auge wohlthuenden frischen, moosigen Untergrund; zahlreiches Wild setzt bei unserer Annäherung in flüchtigen Sprüngen davon, um in einer entfernten Schlucht die gestörte Aesung fortzusetzen.*
> *Trotz der mannigfachen Vorzüge, welche die Wanderung durch die Sausuhlenschluchten nach dem Bahnhof Grunewald vor vielen anderen Grunewaldtouren voraus hat, ist sie doch bisher nur von Wenigen gekannt worden. Eine Erklärung hierfür liegt in dem Umstand, das der Weg verhältnismäßig schwer zu finden war. Diesem Uebelstande ist nun durch die Wegebezeichnung abgeholfen worden.*

Heute sieht man hier natürlich sich suhlende Sauen nicht so gerne. Sie sind ungeliebte Gäste, wenn sie auch mitunter zahlreich in diesem Teil des Grunewalds anzutreffen sind. So warnen an den Eingängen des Friedhofs Schilder: „Bitte Tür schließen! Wildschweingefahr!"

Der Name „Friedhof Heerstraße“ oder „Waldfriedhof Heerstraße“ ist insofern etwas verwirrend, da der Eingang nicht an der Heerstraße liegt, sondern an der Trakehner Allee. Den Namen verdankt er der Villenkolonie Heerstraße, für deren Bewohner der Friedhof im Jahre 1924 angelegt wurde.

Heute zählt der Friedhof zu den beliebtesten Anlagen in Berlin. Für die „Berliner Morgenpost“ ist es „der schönste Friedhof West-Berlins, ein einziger idyllischer Park mit romantischem Landschaftscharakter“.

Kaum ein Friedhof hat so viele prominente und berühmte Berlinerinnen und Berliner im Laufe der letzten fast 100 Jahre aufgenommen. Mit diesem Buch erhalten die Besucherinnen und Besucher einige Anregungen für Spaziergänge über die weitläufige Anlage.

Zur Geschichte des Waldfriedhofs Heerstraße

In allen Berliner Bezirken existierten zu Beginn des 20. Jahrhunderts kommunale und damit interkonfessionelle Friedhöfe, mit Ausnahme Charlottenburgs. Hier besaß die Kirche von alters her das Friedhofsmonopol mit der Folge, dass weder Juden noch Moslems noch aus der Kirche ausgetretene Personen in Charlottenburg bestattet werden konnten.

Die unbefriedigende Situation entspannte sich ab 1909 etwas, da im neu gegründeten Südwestkirchhof Stahnsdorf auch ein Feld „Charlottenburg“ eingerichtet wurde, auf dem nicht evangelische Einwohner Charlottenburgs beigesetzt werden konnten. Damit bekam der Bezirk endlich einen interkonfessionellen Friedhof, wenn auch mehr als 20 Kilometer entfernt und kurioserweise nicht in städtischem, sondern kirchlichem Besitz.

Auf diesem Hintergrund stellt der am 7. Oktober 1924 eröffnete Friedhof Heerstraße eine Besonderheit dar: Es war die erste interkonfessionelle Begräbnisstelle in Charlottenburg, wenn auch immer noch nicht in kommunalem, sondern in staatlichem Besitz, denn Eigentümer war der Preußische Staat.

Der in den Jahren 1921 bis 1924 auf zunächst fünf Hektar Fläche eingerichtete Friedhof wurde von dem damaligen Charlottenburger Gartendirektor Erwin Barth (1880-1933) geplant, der auch an vielen anderen Friedhofsanlagen beteiligt war.

Die Böschung zum See wurde parkähnlich gestaltet, die Hauptwege wurden jeweils mit einer Baumart bepflanzt, also mit Ulmen, Kastanien, Linden und Ahornbäumen. Das ursprünglich geplante Krematorium auf der gegenüberliegenden Seeseite wurde nicht realisiert, unter anderem deswegen, weil in Vorbereitung der Olympischen Spiele 1936 die Grünplanung des „Reichssportfeldes“ mit diesen Absichten kollidierte.

Nach 1945 erfolgte erst die Vergrößerung des Friedhofs von 5 auf 15 Hektar, wobei auch zwei Felder für Kriegstote eingerichtet wurden.

Die Friedhofsgebäude

Die Trauerhalle wurde von dem Architekten und Denkmalpfleger Erich Blunck (1872-1950) in den Jahren 1923-1924 gestaltet, ebenso wie das Verwaltungsgebäude, das Blumenhaus und das Eingangstor.

Um „den unangebrachten Eindruck einer Dorfkirche zu vermeiden“, wurde die Kapelle als würfelförmiger Zentralbau mit einer steilen Dachpyramide errichtet.

1935 wurden im Zusammenhang mit der Vorbereitung auf die Olympischen Spiele zahlreiche Umbauten vorgenommen. Unter anderem störte das hohe Pyramidendach angeblich die Sichtachse zum Olympiastadion. Vermutlich auf Anordnung Hitlers wurde das Dach abgebaut und durch ein Flachdach ersetzt. Das Ergebnis ist ein wuchtiger expressionistischer Bau aus märkischem Backstein.

Im Inneren ist nach einer Sanierung seit 2010 wieder alter Glanz zu bewundern. 360 goldfarbene Kugeln und Sterne werden effektvoll ausgeleuchtet.

Zur Zeit des Nationalsozialismus

Im Dritten Reich setzten zahlreiche Schikanen gegenüber jüdischen Bürgern ein und hinterließen auch ihre Spuren auf dem Friedhof Heerstraße. Die niedrige Zahl von 215 Bestattungen im Jahre 1933 wird in einer Analyse des Friedhofseigentümers einerseits auf den „Wegfall der Judenbeerdigungen", zum anderen auf die „bestehende Abneigung der Angehörigen der NSDAP gegen Begräbnisse auf dem sogenannten Judenfriedhof" begründet. Dass viele Charlottenburger Juden hier bestattet werden wollten, liegt schlicht und einfach an der Tatsache, dass dieser Friedhof der nächstgelegene war und nicht in so beträchtlicher Entfernung lag wie Stahnsdorf oder Weißensee. Ab 1933 macht sich nun die beginnende Emigration vieler Juden bemerkbar: Bereits bezahlte Grabstellen wurden gegen ein geringeres Entgelt zurückgekauft oder die Aushändigung der Urnen von Angehörigen wurde „wegen Auswanderung" verlangt.

Ab 1937 war dann auch offiziell mit der Interkonfessionalität Schluss. An „Nichtarier" durften von da an keine Grabstellen mehr vergeben werden, ab 1939 auch nicht mehr an getaufte Juden.

Schließlich stand der Friedhof Heerstraße nur noch „arischen" Bewohnern offen. Und es dauerte nicht allzu lange, bis aus dem geschmähten „Judenfriedhof" ein in ganz Berlin begehrter Begräbnisplatz geworden war.

Rundgang A

1 Erich Saling

geboren 21. Juli 1925 Stanislau (heute Ukraine)
gestorben 6. November 2021 Berlin
Grablage: 8 B-24/27

Der an der Frauenklinik Berlin-Neukölln als Gynäkologe praktizierende Arzt widmete sich früh wissenschaftlich dem Bereich der Geburtshilfe.

Er half zehntausenden Kindern an das Licht der Welt und spezialisierte sich auf die perinatale Medizin, also den Bereich vor, während und nach der Geburt. Bereits in den 1960er Jahren führte er aufsehenerregende Therapien durch, beispielsweise den Blutaustausch beim Embryo im Mutterleib. Originell ist auch sein Verfahren zur telefonischen Übertragung vorzeitiger Wehen aus der Wohnung der Patientin in die Klinik. An der Freien Universität Berlin gründete und leitete er ab 1976 das „Institut für Perinatale Medizin".

Viele Schwangere verdanken dieser intensiven Betreuung die Vermeidung von Frühgeburten und Aborten. Schließlich wurde der Name Saling nur noch mit dem Zusatz „Vater der Perinatalmedizin" verwendet.

Ihm ist es zu verdanken, dass die Säuglingssterblichkeit in Deutschland einen weltweit führenden Niedrigstand hat.

2 Franz Ullstein

geboren 16. Januar 1868 Berlin
gestorben 13. November 1945 New York
Grablage: 8 D-7/10

Er war einer der fünf Söhne des Verlagsgründers Leopold Ullstein, der übrigens 1899 auf dem Jüdischen Friedhof Schönhauser Allee bestattet wurde. Franz Ullstein war im Ullstein-Verlag für die redaktionelle und verlegerische Politik verantwortlich; er leitete die schier endlose Reihe von Zeitungen und Zeitschriften, unter ihnen die „Vossische Zeitung", die „B.Z. am Mittag", die „Morgenpost" und wie sie alle hießen. Das monumentale Grab mit der allegorischen Skulptur auf die Liebe wurde für die 1926 verstorbene erste Ehefrau des Verlegers – Charlotte Lehmann – errichtet. Er heiratete noch einmal, ließ sich scheiden, um dann 1932 seine dritte Ehe mit einer Frau mit dem schönen Namen Dolly Baronin Kirch-

bach geb. Exin bei Czernowitz-Bukowina einzugehen. Vielleicht kann man daraus auf eine gewisse Exzentrizität schließen, wie dies ihm seine Biographen bescheinigen.

Das sorglose Leben währte bekanntlich nicht lange, denn nach 1933 wurde der Ullstein-Verlag zwangsweise „arisiert". Franz blieb noch fünf Jahre in Berlin und lebte vom Verkauf seiner Gemälde; einen gewissen (Galgen)-Humor hatte er sich erhalten, denn er pflegte zu kalauern: „Ich lebe von der Wand in den Mund."

1938 emigrierte er in die USA und lebte in bescheidenen Verhältnissen bei seiner Schwester in New York. Ein halbes Jahr nach dem Ende des Weltkrieges starb der 77-Jährige, als ihn ein Autobus an der Fifth Avenue überfuhr.

Die Skulptur auf dem Grabmal ist ein Werk des österreichischen Bildhauers Josef Thorak (1889-1952), der später mit Breker und Kolbe zu den erfolgreichsten Künstlern im Dritten Reich werden soll. Diese für einen Friedhof ungewöhnliche Darstellung eines nackten Paares fand unterschiedliche Interpretationen: Der damalige Direktor des Kaiser-Wilhelm-Museums Wilhelm von Bode befand: „Fast barock, aber nicht wollüstig; zärtlich, doch voller Tatendrang; liebevoll und keusch." Andere wiederum sahen den Augenblick der „süßen Erschöpfung nach sexueller Hingabe" festgehalten.

Zu dem Wandel der Grabmalkunst nach dem Kaiserreich, die sich in diesem Grab manifestiert, schreibt Birgit Jochens:

> *Nicht mehr aufgestellt wurden allerdings all jene betenden oder mit Posaunen zur Erde herabstürmenden Engel, die zu Beginn dieses Jahrhunderts so beliebt waren. Auch die Personifikationen von Trauer, Klage und Schmerz galten mit ihren pathetischen Gesten nach dem Kriegsleid, das Millionen von Menschen erfahren hatten, im allgemeinen als diskreditiert. Stattdessen wurden Grabmale in Auftrag gegeben, die dem Tode mit einer „weichen, wohltemperierten Gefühlssymbolik" begegneten.*

3 Vadim Glowna

geboren 26. September 1941 Eutin
gestorben 24. Januar 2012 Berlin
Grablage: 8 D-18

Er war als Darsteller, Regisseur, Drehbuchautor und Filmregisseur ungewöhnlich produktiv und an mehr als 160 Filmen beteiligt.

Das Filmportal kino.de charakterisiert ihn so:

> *Unverwechselbar die kehlige Stimme, mit der er wie kein anderer das kaputte Lebensgefühl seiner Antihelden zum Ausdruck brachte. Wenn Vadim Glowna säuselte, röchelte, flüsterte oder mit erstickenden Worten nach Atem zu ringen schien, zog er alle in seinen Bann. Spezialist für gebrochene Charaktere, die im Lebenskampf am Abgrund stehen, die mit skeptischer Weltsicht die Zeitläufe durchwandern und lakonisch auf Schicksalsschläge reagieren, spielte Glowna nach eigener Aussage diese unangepassten Außenseiter, die aus eigenem Willen außen stehen, gern: „Sie verkörpern einen Rest von Freiheit."*

4 Familie Seidler

Grablage: 8 C-40

Dieses Grab ist vor allem wegen der ungewöhnlichen Skulptur aus Edelstahl sehenswert und bezeugt auch die Liberalität der Friedhofsverwaltung in Bezug auf Grabmale.

Das Werk stammt von dem Bildhauer Volkmar Haase (1930-2012), der vielfältig im Berliner Stadtbild vertreten ist, beispielsweise mit dem Deportationsmahnmal an der Putlitzer Brücke. Sein eigenes Grab mit einer seiner Arbeiten befindet sich übrigens auch auf diesem Friedhof.

Birgit Jochens schreibt zu diesem Grab:

> *Das Grabmal der Familie Seidler beweist, daß auch „Abstraktes" geeignet ist, dem sepulkralen Bereich zugehörige Vorstellungen zu artikulieren. „Mahnendes Zeichen" hat der Bildhauer seine wie ein Pfeil in die Höhe weisende, in der Mitte knotenartig verschlungene schlanke Stele genannt... Mögen das glänzende Metall und die lanzettähnliche Form den Betrachter dazu anregen, das Mal als eine Flamme zum Gedenken an die Toten und den Tod zu deuten, mag der Blick auf die metallene Spitze und das verwobene Gefüge in der Mitte einen anderen an eine den Verstrickungen des Lebens in den Raum ausstrahlende Energie denken lassen: Es sind eben solche, dem Grabmal latent anhaftende, unaufdringlich thematisierte Sinnzusammenhänge, die es als eine besonders gelungene Würdigung des sepulkralen Bereiches erscheinen lassen.*
> *Wie jedem nur zu gut aus eigener Anschauung bekannt, sind Male wie das der Familie Seidler, überhaupt anspruchsvolle Grabmalgestaltungen längst so selten, daß sie wie gegen den Strom der Zeit gerichtete Überreste einer absterbenden Friedhofskultur erscheinen.*

5 Dietrich Fischer-Dieskau

geboren 28. Mai 1925 Berlin
gestorben 18. Mai 2012 Berg
Grablage: 8 C-52/53

Dieser Bariton gilt als einer der bedeutendsten Sänger des 20. Jahrhunderts. Seine mehr als 400 Schallplatten, die er eingespielt hat, sind rekordverdächtig, sein Repertoire von 3000 Liedern ebenfalls. Seine Bühne war die Welt: Nicht nur an der Deutschen Oper Berlin, sondern auch in der Carnegie Hall New York, der Wiener Staatsoper, der Bayerischen Staatsoper sowie am Royal Opera House London feierte er Triumphe.
In ihrem Nachruf schreibt „Die Morgenpost“:

> *Auf den Straßen von Berlin-Westend, dem Wohnort von Dietrich Fischer-Dieskau, erkannte man den hochgewachsenen Mann daran, dass er, einen großen Schlapphut wotanartig auf dem Kopf, mitten auf der Straße durch sein Viertel ging. Die Autos blieben stehen. Kein Zweifel, für Fischer-Dieskau wäre der Bürgersteig allein zu schmal gewesen. Und weiter: Wahr ist, dass die Welt mit Dietrich Fischer-Dieskau jetzt den nach Enrico Caruso und Maria Callas wichtigsten Sänger des 20. Jahrhunderts verloren hat.*

6 Willibald Pschyrembel

geboren 1. Januar 1901 Berlin
gestorben 26. November 1987 Berlin
Grablage: 11 B-6

Der Frauenarzt und Hochschulprofessor an der Charité steht für eine einmalige Erfolgsgeschichte eines medizinischen Fachbuchs. Das von ihm ab 1931 herausgegebene „Klinische Wörterbuch“ betreute er mehr als 50 Jahre lang. Die aktuelle gedruckte Ausgabe von 2017 im Verlag de Gruyter ist die sagenhafte 267. Auflage. Und da sich dieses Buch an einen großen Leserkreis wendet, werden jeweils mehrere Zehntausend Exemplare von jeder Auflage vertrieben.

Einer breiteren Öffentlichkeit bekannt wurde der „Pschyrembel" im Jahre 1983, als das renommierte medizinische Standardwerk in seiner 255. Auflage erstmals die Steinlaus verzeichnete. Es handelt sich um einen so genannten „Nihilartikel", der auf dem von Loriot im Jahre 1976 präsentierten Fernsehsketch basiert. Es wird hier informiert über (fingierte) Forschungsarbeiten, die den Wert der Steinlaus bei der Therapie von Gallen-, Blasen- und Nierensteinen bewiesen hätten. Zwischenzeitlich wurde der Eintrag in Folgeausgaben getilgt, musste aber nach heftigem Leserprotest wieder aufgenommen werden. In einer weiteren Fassung trieb man den Scherz auf die Spitze: Nach neuesten Erkenntnissen sei das Aussterben der Steinlaus darauf zurückzuführen, dass mit dem Verschwinden der Berliner Mauer diesem Nagetier die Nahrungsgrundlage entzogen sei.

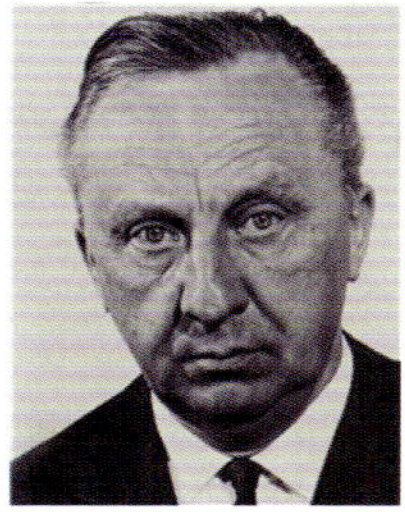

7 Grethe Weiser

geboren 27. Februar 1903 Hannover
gestorben 2. Oktober 1970 Bad Tölz
Grablage: 18 L-228/229

Obwohl sie in Sachsen ihre Kindheit und Jugend verbrachte, wurde sie der Prototyp der „Berliner Kodderschnauze". Als junge Frau schauspielerte sie an der Berliner Volksbühne und trat in zahlreichen Revuen und Kabaretts meist in komischen Rollen und als Sängerin auf.

Ihre große Zeit kam 1930, als sie im Film debütierte. Der endgültige Durchbruch im Filmgeschäft gelang ihr 1937 an der Seite von Viktor de Kowa in dem Streifen „Die göttliche Jette". In den folgenden 50 Jahren wirkte sie in mehr als 100 Filmen mit, vor allem als resolute Tante, verbiesterte Schwiegermutter oder als gefürchtetes Dienstmädchen; die Devise lautete immer: Herz mit Schnauze. In den späten 1960ern und den 1970ern Jahren wurde sie zu einem der populärsten deutschen Stars durch ihre diversen Auftritte im ZDF.

8 Joachim Ringelnatz

geboren 7. August 1883 Wurzen
gestorben 17. November 1934 Berlin
Grablage: 12 D-21

Er hatte einen bewegten Lebensverlauf, schlug sich schon früh durch als Vortragskünstler in Münchner Lokalen während der Kaiserzeit, sorgte als Bibliothekar, Dekorateur oder Fremdenführer für seinen Lebensunterhalt. Umso ungewöhnlicher ist es, dass er als Offizier der kaiserlichen Marine den Ersten Weltkrieg erlebte. 1920 nach einem Engagement im Berliner Kabarett „Schall und Rauch“ und Auftritten in ganz Deutschland machte er sich einen Namen in der Szene; auch seine Kinderbücher, Gedichtbände und Erzählungen wie „Kuttel Daddeldu“ trugen zu seinem Erfolg bei.

Mit ihm verheiratet war ab 1920 Leonharda Pieper, die den originellen Künstlernamen Muschelkalk Ringelnatz annahm und in verschiedenen Gedichten ihres Mannes auftaucht, so zum Beispiel in der schönen Zeile:

Mein richtiges Herz. / Das ist anderwärts, irgendwo / Im Muschelkalk.

Ihr Grab liegt übrigens ebenfalls auf diesem Friedhof in Feld II W. Ein berühmter Vers von Ringelnatz lautet:

Ich habe dich so lieb!
Ich würde dir ohne Bedenken
Eine Kachel aus meinem Ofen
Schenken.

So findet man gelegentlich auf seinem Grab eine Ofenkachel, die von Verehrern des Künstlers hinterlassen wurde.

9 Willi Kollo

geboren 28. April 1904 Königsberg
gestorben 4. Februar 1988 Berlin
Abteilung 13 C-2

Er war der mittlere einer beeindruckenden Musikerdynastie: Sein Vater ist Walter Kollo, der eine Operette nach der anderen komponierte und alle mit Berliner Atmosphäre. Und seine Evergreens wie „Mit dir möcht' ich am Sonntag angeln gehn“ oder „Mein Papagei frißt keine harten Eier“ ist sicher auch noch dem einen oder anderen heutigen Zeitgenossen im Ohr. Sein Sohn wiederum ist der 1937 geborene und als „Heldentenor“ bekannte René Kollo, der insbesondere in Wagner-Opern brilliert.

Willi schrieb zunächst Texte für seinen Vater, wurde dann aber ein gesuchter Songwriter für die Berliner Unterhaltungsszene. Mehr als 200 Filmmusiken und zahlreiche Revuen gehen auf sein Konto.

Seine Songs nannte man damals „Gassenhauer", und sie wurden von allen gesungen, der Jugend auf der Straße, von Claire Waldoff, Marlene Dietrich oder Hildegard Knef, zum Beispiel:

Lieber Leierkastenmann
Fang nochmal von vorne an!
Deine alten Melodien
Von der schönen Stadt Berlin
Stehst du unten uf'n Hof
Wird mir gleich ums Herz ganz doof
Noch einmal ein junges Blut sein
Noch einmal im Tanz sich zärtlich drehn
Lasst man Kinder!
Lasst man jut sein!
Ach die alte Zeit war auch sehr schön.

1933 erhielt er von den Nazis Auftrittsverbot, wenn auch seine Lieder weiterhin gespielt werden konnten.

Ein Journalist beschrieb ihn so: *„Für viele war er der Prototyp des Berliners: quirlig, gerissen, geschäfts- und überaus lebenstüchtig – und vor allem: ohne falsche Bescheidenheit."*

THEODOR
DÄUBLER
7. 8. 1876
3. 6. 1934

10 Theodor Däubler

geboren 17. August 1876 Triest
gestorben 13. Juni 1934 St. Blasien
Grablage: 16 B-20

Der deutsch-österreichische Schriftsteller mit dem vollständigen Namen Theodor Adolph Johannes Eduard Däubler machte sich vor allem als Lyriker einen Namen. Ab 1898 arbeitete er an seinem Lebenswerk, dem Epos „Nordlicht", das er bis 1931 immer wieder erweiterte, bis es 30.000 Verszeilen umfasste.

Obwohl seine Werke nur wenig gelesen wurden, erwarb er sich als Wegbereiter des Expressionismus hohes Ansehen, wurde Mitglied der Preußischen Akademie der Künste und war 1928 bis 1932 Präsident des PEN-Clubs.

Sein Grab hat eine besondere Geschichte. Ursprünglich wollte der mit ihm eng befreundete Ernst Barlach eine eindrucksvolle Grabskulptur schaffen, was allerdings an fehlenden Mitteln scheiterte. Als weiterer Freund sprang Wilhelm Wulff ein und schuf eine Platte in Form eines Buches aus grünem Porphyr.

Gemälde von Otto Hettner

Die Seiten der Platte zieren zwei Zitate aus seinem Groß-Epos „Nordlicht":

Ich bin der Glaube an die Macht
der Sonnen
Die Welt versöhnt und übertönt
der Geist!

11 George Grosz

geboren 26. Juli 1893 Berlin
gestorben 6. Juli 1959 Berlin
Grablage: 16 B-19

Der als Georg Ehrenfried Groß in Berlin geborene Maler und Grafiker wird nach dem Erleben des Ersten Weltkrieges zu einem entschiedenen Kriegsgegner. Seine Bilanz: „Krieg war für mich Grauen, Verstümmelung und Vernichtung."

Nach dem Krieg wird er zu einem der provokantesten Kritiker von Militär, Klerus, Wirtschaft und Politik der Weimarer Republik. Er spottet über die herrschenden Kreise mit seinen Mitteln, mit expressionistischen, dadaistischen und futuristischen Kunstwerken. Oft musste er sich vor Gericht verantworten, so etwa wegen Gotteslästerung oder Verstößen gegen die „Öffentliche Moral".

1933 siedelte er in die USA um und wurde sogleich in Deutschland ausgebürgert; viele seiner Kunstwerke wurden vernichtet oder verramscht. 1959 kehrte er nach Berlin zurück und starb wenige Wochen später in seiner Heimatstadt. Todesursache: Treppensturz infolge Trunkenheit.

Gemälde von Erich Büttner 1931

12 Curt Götz & Valérie von Martens

geboren 17. November 1888 Mainz
gestorben 12. September 1960 Berlin

geboren 4. November 1894 Lienz / Österreich-Ungarn
gestorben 7. April 1986 Riehen / Schweiz

Grablage: 16 G-11/12

Lachen ist die beste Medizin gegen alles Übel der Welt.

Das war das Lebensmotto von Curt Götz, des Autors zahlreicher Komödien und Grotesken. Gemeinsam war das Ehepaar Götz/Martens auch als Schauspieler-Gespann erfolgreich.

1933 emigrierten sie in die Schweiz und später in die USA. Dort machten sie nicht die besten Erfahrungen mit der Filmindustrie, wo sie eigentlich Karriere zu machen beabsichtigten. Stattdessen sattelten sie auf Landwirtschaft um und hatten auch da Erfolg, wie es in einem Geschichtenband heißt:

> *Sie hatten auch dabei Erfolg. Sie züchteten Hühner, welche Eier mit zwei Eigelb legten. Der Trick dabei war, dass die Hühner tierisches Eiweiß brauchen. Sie gaben ihren Hühnern Ziegenmilch ins Futter. Die Ziegen hielten sie auf der Farm. Die Vermarktung, vor allem in Hotels, lief hervorragend. Diesen „Trick" hatten sie von dem alten Farmer Mr. Purdy, der in der Nachbarschaft wohnte und ihnen bei dem Aufbau der Hühnerfarm geholfen hatte. Dies hatte unter anderem auch zur Folge, dass Curt Goetz in den Ruf als eine Art Wunder-Tier-Doktor gelangte.*

Nach dem Krieg lebten sie in der Schweiz. Sowohl der Roman, das Theaterstück als auch die Verfilmung von „Frauenarzt Dr. Prätorius" (1949) und „Das Haus in Montevideo" (1951) wurden sensationelle Erfolge. In beiden Filmen besetzte das Ehepaar die Hauptrollen.

13 Bubi Scholz

geboren 12. April 1930 Berlin
gestorben 21. August 2000 Neuenhagen
Grablage: 14-42

Einer der erfolgreichsten und populärsten Berufsboxer war Gustav Wilhelm Hermann Scholz, der von seinen 96 Kämpfen lediglich zwei verlor. Eine dieser Niederlagen erlebte er 1962 im Berliner Olympiastadion im Weltmeisterschaftskampf gegen den US-Amerikaner Harold Johnson nach Punkten. Max Schmeling, der bei diesem Kampf Zuschauer war, sagte anschließend zu Bubi: „Du bist zwar nicht König geworden, aber du hast das Schloss gesehen."

1965 als Europameister im Halbschwergewicht beendete er seine Karriere und versuchte sich in der Folge in verschiedenen Tätigkeiten: Mana-

ger in der Werbebranche, Filmschauspieler und Buchautor. Zunehmend machte er aber nur noch durch Alkoholexzesse von sich reden.
Im Alkoholrausch erschoss er 1984 seine Frau und wurde wegen fahrlässiger Tötung zu drei Jahren Haft verurteilt.

Nach der Haft litt er an Depressionen, hatte mehrere Schlaganfälle, ehe bei ihm Altersdemenz diagnostiziert wurde.

Er wurde im Jahre 2000 zunächst auf dem Waldfriedhof Zehlendorf beigesetzt, später jedoch von seiner zweiten Frau Sabine (geb. Arndt, Witwe von Klausjürgen Wussow) auf den Friedhof Heerstraße umgebettet.

31. März 1954: Sieg über den US-Amerikaner Al Andrews (links)

14 Hans Scholz

geboren 20. Februar 1911 Berlin
gestorben 29. November 1988 Berlin
Grablage: 5 C-7

Er ist vor allem mit zwei Werken in Erinnerung geblieben. 1955 schrieb er den Roman (oder wie Scholz sagt: „so gut wie ein Roman") „Am grünen Strand der Spree", in dem ein Mosaik der beiden deutschen Republiken nach dem Ende des Weltkriegs entfaltet wird. Dieses Buch wurde ein großer Verkaufserfolg und 1960 in einer Serie des Nordwestdeutschen Fernsehens ins Bild gesetzt, was wiederum der erste „Straßenfeger" des deutschen Fernsehens wurde. Dem folgte ein Hörspiel, in dem Scholz als Sprecher fungierte.

Sein zweites großes Werk waren zwischen 1973 und 1984 zehn Bände unter dem Titel „Wanderungen und Fahrten in der Mark Brandenburg", in denen er auf den Spuren Theodor Fontanes wandelte. Als nach 1972 das Viermächteabkommen unter bestimmten Bedingungen Besuche in der DDR ermöglichte, besuchte Scholz regelmäßig und häufig das Umland Berlins, wenn auch das jeweilige Tagesvisum keine allzu ausgedehnten Reisen gestattete. Da er zwischen 1963 bis 1976 neben Heinz Ohff Feuilleton-Chef im „Tagesspiegel" war, publizierte er viele dieser Reiseberichte vorab in dieser Tageszeitung. Ein Rezensent würdigt dieses Werk so:

> *Anfangs Pilger auf den Wegen der Kindheit, weitet Scholz schnell den Blick. Geschichts- und kunstbewußt, mit Blick für Details und Menschen am Wege, taucht er ein in die sonderbare Doppelwelt der zwei deutschen Staaten, verknüpft Geschichte mit Gegenwart, testet viele Sorten Mitropa-Kaffee, folgt den Spuren alter sächsisch-preußischer Rivalität und lauscht auf Mythen, die bis in unsere Tage reichen und oder gar erst heute tradiert werden. Genüßlich registriert der „Wanderer zwischen den Welten", wie unter der sozialistischen Tünche die alten Dorfstrukturen weiterwuchern, und spart nachdenkliche und düstere Töne nicht aus; gleichzeitig schwelgt er mit allen Sinnen in Leben und Landschaft...*
> *Wer sie liest, genießt nicht nur den Feuilletonstil, der, Fontane ebenbürtig, von Band zu Band brillanter wird, sondern lernt dreifach dazu: über das konservative Denken Westberlins der 70er Jahre, über die eigene Heimat und über Zeitgeschichte, die diese Texte inzwischen selbst geworden sind.*

15 Paul Cassirer

geboren 21. Februar 1871 Görlitz
gestorben 7. Januar 1926 Berlin
Grablage: 5 C-4

Anspruchsvoll wurden die Räume des Kunstsalons von Henry van de Velde gestaltet, dem berühmten Architekten und Jugendstil-Designer.

Und dann die gezeigten Werke! Was war da alles zu sehen: Manet, Monet, Cézanne, van Gogh, Liebermann, Degas, Slevogt undsoweiter. Das alles um die Jahrhundertwende, wo der offizielle Kunstgeschmack von Kaiser Wilhelm II. geprägt oder eher diktiert und moderne Kunst schon mal als „Rinnsteinkunst" diffamiert wurde. Um diese Zeit war es noch undenkbar, dass beispielsweise französische Impressionisten in der Nationalgalerie gehängt werden konnten. Selbst Adolph Menzel, den man ja eher auf der Seite der Künstler vermutet hätte, äußert sich gegenüber der Kunstsammlerin Felicie Bernstein, die ein wundervolles Manet-Gemälde aus Paris nach Berlin gebracht hatte, barsch-berlinerisch-herzlich: „Haben Sie wirklich Geld für den Dreck ausgegeben?"

So war also der Zeitgeschmack, gegen den Paul Cassirer agieren musste. Die „Frankfurter Allgemeine" schreibt über ihn und seinen Kunstsalon:

Gemälde von Leopold von Kalckreuth 1912

Als feinsinniger Intellektueller soll er den „sozial nicht eben bevorzugten Beruf des Kunsthändlers" als einengend empfunden haben. Rückblickend stellte sein Kunstsalon in Berlin eben weit mehr dar als eine Galerie. Wie Lovis Corinth schrieb, brachte er „die schönsten modernen Werke nach Berlin, die man nur hier und sonst nirgends in Deutschland zu sehen bekam". Er hatte dem Berliner Publikum ein Museum auf Zeit geschenkt. Dieses Museum bleibt der Nachwelt nun in Buchform erhalten.

Kommerziell war der Kunstsalon äußerst erfolgreich. Mit Bildern des damals noch verhältnismäßig unbekannten Vincent van Gogh veranstaltete Cassirer allein 10 Ausstellungen und verkaufte 80 seiner Werke (von insgesamt letztlich 120 van Goghs in Deutschland). Von Max Liebermann verkaufte seine Galerie die unglaubliche Anzahl von 2300 Werken.

So erfolgreich er geschäftlich war, so holprig, ja tragisch gestaltete sich sein Privatleben. Manche Biographen berichten, dass er ein schwieriger Charakter war. Jedenfalls ließ er sich von seiner ersten Ehefrau scheiden, sein Sohn beging im Alter von 19 Jahren Suizid. Dann heiratet er 1910 die Schauspielerin Tilla Durieux, deren großartige Karriere am Lessingtheater, am Königlichen Schauspielhaus und am Staatstheater gerade in Fahrt kam. Die Ehe hielt mehr als 15 Jahre. Als aber Tilla Durieux die Scheidung von Cassirer verlangte, konnte dieser das nicht ertragen und schoss sich in die Brust mit Todesfolge.

Tilla Durieux bei der Bestattung ihres Ehemannes

16 Tilla Durieux

geboren 18. August 1880 Wien
gestorben 21. Januar 1971 Berlin
Grablage: 5 C-4

Abgesehen von ihrer fulminanten Karriere als Schauspielerin hält sie möglicherweise einen seltenen Rekord. Sie soll die meist porträtierte Frau ihrer Zeit sein – so zumindest eine ihrer Biographinnen. Ihr Ehemann Paul Cassirer als führender Galerist dieser Zeit mit blendenden Verbindungen in der Kunstszene hat kräftig mitgemischt und Tilla zu einem „Kultmodell" geformt. Sie hat Modell gestanden oder gesessen für viele berühmte Maler, unter ihnen Max Slevogt, Lovis Corinth, Oskar Kokoschka, Franz von Stuck und Pierre-Auguste Renoir; Ernst Barlach formte ihren Kopf in Gips, von dem dann später Bronzen gegossen wurden.

Die in Wien unter dem Namen Ottilie Godeffroy geborene Schauspielerin feierte Erfolge vor allem in Berlin. Im Deutschen Theater, im Lessingtheater, aber auch in frühen Stummfilmen spielte sie klassische und modernere Frauenrollen. Bemerkenswert sind ihre politischen Aktivitäten: Noch im Kaiserreich spielte und deklamierte sie vor Arbeitern in Matineen etwa in der Hasenheide in Berlin-Neukölln; nach dem Ersten Weltkrieg unterstützte sie Verfolgte wie Ernst Toller, der als führender Vertreter der Münchener Räterepublik wegen Hochverrats zur Flucht gezwungen war; im Zweiten Weltkrieg lebte sie in Kroatien und unterstützte nach eigener Aussage die Partisanen um Josip Broz Tito.

Gemälde von Pierre-Auguste Renoir 1914

Ab 1952 setzte sie ihre Karriere fort und spielte in Berlin, Hamburg und Münster Theater, wirkte auch in zahlreichen Filmen mit. Ein weiterer Rekord: Bis zu ihrem 90. Lebensjahr stand sie auf der Bühne.

Ihr Grabstein, der von einem Verehrer gestiftet wurde, nennt sie „Professor". Diesen Titel hatte sie zwar einmal in Salzburg erhalten, jedoch schmückte sie sich selbst nie damit.

Tilla Durieux als Circe
(Gemälde Franz von Stuck 1912)

17 Alfred Cassirer

geboren 29. Juli 1875 Görlitz
gestorben 11. Juli 1932 Berlin
Grablage: 5 C-3

Da er hinreichend wohlhabend war, konnte er sich kostspieligen Hobbys widmen. Er war Mitbegründer des „Kaiserlichen Aero-Clubs" auf dem ersten kommerziell geführten deutschen Flugplatz in Berlin-Johannisthal und gewann auch manchen Preis als Ballon-Fahrer. Daneben baute er eine umfangreiche Kunstsammlung auf, die wiederum viele französische Impressionisten enthielt, unter anderem die „Badende" von Renoir (heute in Sao Paulo). Der Grabstein mit der Tierkarawane stammt von dem berühmten Tierbildhauer August Gaul, dem man auch heute noch vielfach im Berliner Stadtbild begegnet, zum Beispiel beim „Goldenen Hirschen" neben dem Schöneberger Rathaus.

Die Badende (Gemälde von Pierre-Auguste Renoir 1870)

18 Moritz Katzenstein

geboren 14. August 1872 Rotenburg an der Fulda
gestorben 23. März 1932 Berlin
Grablage: 5 B-1A

Katzenstein wirkte als Chirurg am Jüdischen Krankenhaus, an der Universität Berlin als Professor sowie als Direktor am Städtischen Krankenhaus Friedrichshain.

Er wird als „Retter des Meniskus" gerühmt, denn ihm gelang am 7. Februar 1900 erstmals die Refixation, also das Annähen eines abgerissenen Meniskus.

Als Horst Wessel 1930 mit Schussverletzungen in das Krankenhaus am Friedrichshain eingeliefert wurde, durfte Katzenstein ihm nicht helfen, da die SA verfügt hatte, dass er nicht von jüdischen Ärzten behandelt werden durfte. Ausgerechnet dieses Krankenhaus erhielt 1933 den Namen von Horst Wessel.

Im Übrigen war Katzenstein der engste Freund von Albert Einstein in dessen Berliner Jahren. Einstein erinnert sich so: „In den achtzehn Jahren, die ich in Berlin verlebte, standen mir wenige Männer freundschaftlich nahe, am nächsten Professor Katzenstein. Über zehn Jahre lang verbrachte ich die Erholungszeit der Sommermonate mit ihm, meist auf seinem graziösen Segelschiff." Später besaß Albert Einstein selbst ein Segelboot und sie konnten gemeinsam segeln auf der Havel von Caputh aus, dem Domizil Einsteins in den Sommermonaten 1930 bis 1932.

Als Katzenstein 1932 starb, erwarb die Familie das Familiengrab an der Heerstraße für den ungewöhnlich langen Zeitraum von 60 Jahren. An Emigration war also um diese Zeit noch nicht zu denken.

Katzenstein und Einstein

Rundgang B

JÜRGEN
WOHLRABE
12·AUG·1936
19·OKT·1995

19 Jürgen Wohlrabe

geboren 12. August 1936 Gardelegen
gestorben 19. Oktober 1995 Berlin
Grablage: I Erb Mauer-6-10

Jürgen Wohlrabe verließ mit 15 Jahren seine Heimat und damit die DDR. Er engagierte sich in der Jungen Union, beim RCDS (Ring Christlich-Demokratischer Studenten) und in der CDU. Neben seiner erfolgreichen Unternehmertätigkeit in der Werbebranche und im Filmverleih führte ihn seine politische Laufbahn für viele Jahre in den Bundestag und in das Berliner Abgeordnetenhaus, in dem er schließlich als Präsident seine Karriere beenden musste, weil ein Tumor seinem Leben ein frühes Ende setzte.

Er ging keinem politischen Streit aus dem Wege und wetterte gegen Kommunismus und Sozialismus. In seiner frühen Zeit im RCDS rieb er sich besonders häufig mit Rudi Dutschke, der seinerseits auch nicht gerade fein und wohl zu Unrecht ihn als einen „exemplarischen Faschisten" beschimpft hat. Aber noch berühmter wurde seine Auseinandersetzung mit Herbert Wehner, der für seine originellen, oft aber auch verletzenden Redebeiträge berüchtigt war. In einer Fragestunde des Bundestages im Jahre 1970 beschimpfte der damalige SPD-Fraktionsvorsitzende Jürgen Wohlrabe in bewusster Verhunzung seines Nachnamens als „Übelkrähe". Das hat beiden nicht geschadet, sondern ihren Bekanntheitsgrad in der Öffentlichkeit deutlich erhöht.

Die Konrad-Adenauer-Stiftung schreibt im Nachruf:
In Bundestagsreden zog „der eiserne Jürgen", wie ihn auch Parteifreunde gern nannten, gegen kommunistische Umtriebe zu Felde und sagte von sich, er sei „ein Antikommunist wie er im Buche steht" – gewiss nicht zuletzt wegen der Erfahrungen mit der kommunistischen Diktatur in der SBZ/DDR in seiner frühen Jugend.

20 Else Ulich-Beil

geboren 30. August 1886 Elberfeld
gestorben 4. Mai 1965 Berlin
Grablage: I Erb Mauer-11-13

Else Beil ist eine herausragende Politikerin, die sich vor allem für die Rechte von Frauen einsetzte zu einer Zeit, als es Frauen weder möglich war zu studieren noch zu wählen.

Bereits im Alter von 17 Jahren legt sie ihr Examen als Lehrerin ab und setzt es durch, dass sie das Abitur ablegen und studieren kann. Nach ihrer Promotion in Philosophie und Geschichte wird sie während des Ersten Weltkriegs Leiterin des Frauenreferats der Kriegsamtsstelle in Leipzig und soll in dieser Funktion Arbeitsmöglichkeiten für mehr als zehntausend Frauen geschaffen haben.

Porträt von Else Ulich-Beil

In den 1920er Jahren setzt sie sich als Vorsitzende des Allgemeinen Deutschen Frauenvereins und des Deutschen Staatsbürgerinnen-Verbandes für das Stimmrecht für Frauen ein. Innerhalb des Reformprojektes „Gartenstadt Hellerau" ist sie an der Gründung der Staatlichen Wohlfahrtsschule beteiligt.

1933 verbieten die Nazis sowohl Wohlfahrtsschule als auch den Frauenverein und erteilen ihr Berufsverbot. 1947 übernimmt sie erneut die Leitung des inzwischen wieder gegründeten Staatsbürgerinnen-Verbandes.

In einer Würdigung ihrer Lebensleistung schreibt Uwe Eckardt:

> *Else Ulich-Beil ist eine typische Vertreterin der „alten" Frauenbewegung, die sich im Gegensatz zu der seit den 70er Jahren des vorigen Jahrhunderts an die Öffentlichkeit tretenden „neuen" Frauenbewegung noch darum bemüht hat, Hausarbeit professionell aufzuwerten und die Familie als natürlichen Ort aller Frauen zu stabilisieren.*

21 Anneliese und Georg Groscurth

geboren 12. September 1910 Essen
gestorben 28. September 1996 Berlin

geboren 27. Dezember 1904 Unterhaun/Kassel
gestorben 8. Mai 1944 Brandenburg-Görden

Grablage: I Erb Mauer

Georg Groscurth arbeitet als Arzt am Robert-Koch-Krankenhaus in Moabit und hat einen prominenten Patienten, den „Stellvertreter des Führers" Rudolf Heß. Dieser üble Rassenfanatiker, auf den die berüchtigten „Nürnberger Gesetze" zurückgehen, war Hypochonder und pflegte zu sagen: „Sauerbruch hat mich aufgegeben, Groscurth hat mir das Leben gerettet."

Diese Konstellation war für das Ehepaar Groscurth eine nahezu perfekte Tarnung, denn sie waren keineswegs linientreue Nazis. Anneliese erinnert sich so (dokumentiert in dem hervorragenden Buch von F.C. Delius): „Alles war taktisch. Georg organisierte falsche Papiere für Juden, die aus dem KZ kamen, unter falschem Namen, mit falschen Krankenscheinen, und wir tanzten abends im Dreivierteltakt mit dieser Bande. Wir spielten mit, voll

Verachtung für die!"

Später, als die Tarnung Heß nicht mehr wirken konnte, finden sich mehrere Personen zusammen – unter ihnen auch Robert Havemann – und agieren im Widerstand unter dem Namen „Europäische Union", entwerfen Flugblätter und versuchen weitere Mitstreiter zu finden.

Im September 1943 kommt ihnen die Gestapo auf die Spur mit der Folge, dass sie verhaftet werden. Anneliese kann glaubhaft machen, dass sie von den Widerstandsaktivitäten nichts gewusst habe, ihr Mann aber sowie Havemann und 14 weitere Mitglieder aus dem Umfeld der Gruppe werden wegen „Feindbegünstigung" und „Vorbereitung zum Hochverrat" zum Tode verurteilt. Das Urteil fällen die Richter am „Volksgerichtshof" Roland Freisler und Hans-Joachim Rehse. Georg Groscurth wird am 8.Mai 1944 in Brandenburg-Görden hingerichtet.

Nach dem Krieg arbeitet Anneliese Groscurth wieder in Berlin-Westend als Ärztin und erlebt die schrecklichen Seiten des Kalten Krieges. Als sie sich gegen die Wiederbewaffnung Deutschlands und den Abschluss eines Friedensvertrages einsetzt, verliert sie 1951 ihre Stellung im Charlottenburger Gesundheitsamt, wird als Kommunistin diffamiert, ohne jemals irgendeiner Partei anzugehören, ihr wird der Reisepass entzogen und die Waisenrente für ihre beiden Söhne gestrichen. Erst Anfang der 1970er Jahre wird sie nach langen Prozessen rehabilitiert.

Die Geschichte um die Familie Groscurth erlebte 1968 noch einen traurigen Höhepunkt, als die Berliner Justiz einen zaghaften Versuch unternahm, auch NS-Juristen zur Verantwortung zu ziehen. Hans-Joachim Rehse, der als Richter am „Volksgerichtshof" hunderte von Todesurteilen fällte, wurde vom Landgericht Berlin 1967 wegen Beihilfe zum Mord zwar zunächst verurteilt, nach Revision jedoch im zweiten Verfahren freigesprochen. Mit diesem Urteil war das endgültige Ende der strafrechtlichen Verfolgung aller NS-Juristen eingeleitet. Dabei ist es bis heute geblieben.

22 Klara Bloch

geboren 13. Februar 1908 Berlin
gestorben November 1988 Berlin
Grablage: I Erb Mauer

Die Tochter eines Taxi-Unternehmers machte mit 22 Jahren ihren Führerschein und gilt als die erste Taxifahrerin Berlins. Das Portal Charlottenburg-Wilmersdorf würdigt ihre Lebensleistung so:

> *Kontakte, die sie bei Besuchen im legendären Romanischen Café am Auguste-Victoria-Platz, dem heutigen Breitscheidplatz gewann, prägten ihre politische Haltung. 1938 bezog sie eine Wohnung im Horstweg 28 in Charlottenburg. Dort versteckte sie während der NS-Zeit mehrere Menschen. Unter ihnen war auch der Jude und Kommunist Erich Bloch, den sie bereits 1931 im Romanischen Café kennen gelernt hatte und den sie nach dem Krieg heiratete. Andere Verfolgte, die im Untergrund lebten, versorgte sie mit Lebensmittelkarten. Sie alle überlebten durch Kläre Blochs Mut und Engagement.*

23 Helene Lange

geboren 9. April 1848 Oldenburg
gestorben 13. Mai Berlin
Grablage: 5 A-1

Das Verdienst der in Berlin tätigen Lehrerin liegt darin, dass sie sich vor allem für gleiche Bildungs- und Berufschancen für Frauen engagierte. Sie wurde damit eine der wichtigsten Vertreterinnen der frühen deutschen Frauenbewegung.

Sie setzte sich auch für die Einführung des Frauenwahlrechts ein sowie grundsätzlich für die staatsbürgerliche Gleichberechtigung,

Aber sie war auch praktisch tätig: Da vor der Jahrhundertwende Mädchen in Preußen noch keine Gymnasien besuchen durften, veranstaltete sie private Kurse mit dem Erfolg, dass erstmals im Jahre 1896 sechs dieser Schülerinnen die Reifeprüfung ablegen konnten.

Als Helene Lange an einer Augenkrankheit litt, engagierte sie ihre spätere Lebensgefährtin Gertrud Bäumer zunächst als Assistentin, die sie später zu ihrer Nachfolgerin aufbaute. Gemeinsam publizierten sie das „Handbuch der Frauenbewegung (1901-1906)“ sowie die Zeitschrift „Die Frau (1893-1944)“.

Als Politikerin war sie für die liberale DDP (Deutsche Demokratische Partei) einige Zeit Mitglied der Hamburger Bürgerschaft.

Als Lehrerin 1894 in Kamen

24 Gertrud Bäumer

geboren 12. September 1873 Hohenlimburg
gestorben 25. März 1954 Gadderbaum
in memoriam 5 A-1

Sie wollte unbedingt aus dem Alltag einer Frau ihrer Zeit, den sie als „Spirale um die eigene Achse“ bezeichnete, heraus und wurde mit 21 Jahren Lehrerin und setze es durch, dass sie an der Berliner Universität studieren und 1904 promovieren konnte. Das war für Frauen nur mit Ausnahmegenehmigung möglich, denn erst ab 1908 durfte man in Preußen als Frau sich immatrikulieren lassen.

Als Politikerin machte sie schnell Karriere und war ab 1920 als Ministerialrätin im Reichsinnenministerium für die Bereiche „Jugendwohlfahrt und Schulwesen“ zuständig.

Als sie einen „Gesetzesentwurf zur Bewahrung der Jugend vor Schund- und Schmutzschriften“ einbrachte, witterten viele Zensur; besonders Kurt Tucholsky alias Ignaz Wrobel nimmt sich die Politikerin aufs Korn und schreibt 1926 in der Weltbühne:

Unterstützt werden sie dabei von Frauen, die während Männe im Geschäft den Lohn der Mantelnäherin drückt, ihre freie Zeit mit einer herzlich harmlosen Betätigung verbringen: sie sind „sozial eingestellt". Sie sahen auf ihren Amateur-Spaziergängen das hoffnungslose Elend im Proletariat; neue Wohnungen bauen konnten sie nicht, die Tuberkulose aus den ausgemergelten Arbeiterleibern herauskurieren konnten sie nicht, sie hatten wenig kräftiges Essen zu vergeben, Licht, Luft, Sonne, menschenwürdige Arbeit, das hatten sie alles nicht. Aber sie konnten die „Schmutzschriften" abschaffen, also ein Symptom von achtrangiger Wichtigkeit beseitigen. An den Krankheitsherd selbst gingen sie nicht heran. Der Unfug dieser G'schaftlhuber verdichtete sich unter der Führung Gertrud Bäumers und des Sozialdemokraten Heinrich Schulz zu einem Gesetzentwurf.

1933 wird sie aller ihrer Ämter enthoben, worüber sie fast froh ist, denn so bliebe es ihr erspart, „Verfügungen über die jüdischen Kinder in den Schulen machen" zu müssen. Nach dem Kriege versuchte sie sich, am Wiederaufbau einer Frauenbewegung zu beteiligen, musste jedoch feststellen, dass ihre Auffassung von Frauenpolitik als nicht mehr zeitgemäß galt. Sie wird dem „Differenzfeminismus" zugeordnet, also der Auffassung, dass das „weibliche Prinzip" zur Humanisierung des Lebens beizutragen habe.

25 Horst Buchholz

geboren 4. Dezember 1933 Berlin
gestorben 3. März 2003 Berlin
Grablage: I Wald-2

Man sieht auf dem Grabfoto den Schauspieler vor dem Brandenburger Tor in einer Szene aus dem Film „Eins – Zwei – Drei“ von Billy Wilder. Der Film wurde im Jahre 1961 gedreht; mitten in den Dreharbeiten erfolgte der Bau der Berliner Mauer. Man musste das Brandenburger Tor im Münchener Studio nachbauen, denn in Berlin waren die Originalschauplätze plötzlich nicht mehr zugänglich. Der Film mit Scherzen über den Ost-West-Konflikt kam bei den Berlinern verständlicherweise nicht so gut an. Die „B.Z." verstieg sich sogar zu dem Verdikt, es sei der „scheußlichste Film über Berlin". Erst sehr viel später wurde er zu einem „Kultfilm" und Publikumsrenner.

Nach kleineren Rollen im Theater und im Film gelang dem Neuköllner mit dem Spitznamen „Hotte" 1956 der Durchbruch in dem Film „Die Halbstarken", in dem auch die 16-jährige Karin Baal brillierte; diese Rolle brachte Buchholz den Ruf ein, der „deutsche James Dean" zu sein.

Eine beispiellose Karriere als Weltstar erlebten er und seine Bewunderer. Sein Lebensmotto entstammte dem Roman und Film „Die Bekenntnisse des Hochstaplers Felix Krull" von Thomas Mann, das auch seinen Grabstein ziert: *„Liebe die Welt und sie wird dich lieben."*

Mit dem Film „Die Halbstarken" begannen 1956 die Karrieren von Karin Baal und „Hotte" Buchholz.

26 Heinrich Albert Hermann Schnee

geboren 4. Februar 1871 Neuhaldensleben
gestorben 23. Juni 1949 Berlin
Grablage: I Wald-14

Der Jurist macht eine steile Karriere im Auswärtigen Amt und im Reichskolonialamt, ist zeitweise in Deutsch-Neuguinea und in Samoa, also in der damals so genannten „Deutschen Südsee". Ab 1912 war er Gouverneur von Deutsch-Ostafrika. Im Ersten Weltkrieg scheiterte der Versuch Großbritanniens, die deutsche Kolonie zu besetzen, da General Paul von Lettow-Vorbeck sich in einem Guerillakrieg gegen eine große Übermacht britischer, indischer, portugiesischer und belgischer Truppen behaupten konnte. Nach dem Waffenstillstand wurden Lettow-Vorbeck und Schnee als ungeschlagene Helden gefeiert.

Nach dem Krieg gehörte Schnee zur Gruppe der fanatischen Revisionisten, die den Ausgang des Krieges nicht akzeptieren wollten und konnten. In politischen Aktionen, Vorträgen und Schriften warb er immer wieder für die erneute Einrichtung deutscher Kolonien, ab 1933 als Mitglied der NSDAP und Abgeordneter im Reichstag. Er überlebte den Zweiten Weltkrieg und starb 1949 bei einem Autounfall in Berlin.

27 Georg Kolbe

geboren 15. April 1877 Waldheim/Sachsen
gestorben 20. November 1947 Berlin
Grablage: Erb 2 D-4A-4G

Der Bildhauer Georg Kolbe gehört zu den Großen des 20. Jahrhunderts und schuf mehr als 1000 plastische Werke. Er lebte seit 1904 in Berlin und traf mit Paul Cassirer als Galeristen eine gute Wahl, da er ihm die ersten Erfolge bescherte. In den 1920er Jahren bedient er die Kunstnische der bürgerlichen Ästhetik, gesellschaftskritische Arbeiten liegen ihm eher fern.

Als 1927 seine Frau Benjamine, die den schönen Dppelnamen „Benjamine Kolbe-van der Meer de Walcheren" führte, durch eigene Hand stirbt, bricht für Georg Kolbe die Welt zusammen. Jedenfalls wird er nie wieder heitere Figuren erschaffen; nur ernste, traurige oder heroische Werke formt er bis zu seinem Lebensende.

Das Grab für Benjamine zeigt drei Stelen, auf deren mittlerer Kolbe drei Porträts seiner Frau platzierte. Zudem baut Kolbe sein Ateliergebäude in der Sensburger Allee mit einer Sichtschneise unter dem Dach, von der aus er auf das Grab seiner Frau blicken konnte. Die Luftlinie beträgt

lediglich rund 600 Meter, heute allerdings durch den inzwischen hoch gewachsenen Baumbestand nicht mehr unmittelbar zu erleben. Birgit Jochens schreibt zu dem Grab:

> *Wie eine Reihe seiner Skulpturen insbesondere der frühen zwanziger Jahre tragen die Grabsäulen mit ihren aus kubischen Elementen zusammengesetzten Kapitellen Züge expressionistischer Formgebung. Die Bildnisse hingegen kennzeichnet, wie Kolbes ganzes Werk, ein auf die allgemeingültige Form gerichteter Naturalismus. Auch von der damals lebhaften Rezeption „exotischer" Kunst finden sich Spuren bei dem Grabmal. Vor allem der mit dem eingekerbten Schaft ausgestattete Rundpfeiler erinnert ein wenig an einen Totempfahl.*

Im Dritten Reich erlebt er auch weiterhin hohe Anerkennung, wurde in Ausstellungen gezeigt, ließ sich aber nicht von den Nationalsozialisten vereinnahmen, wie seine Biographen meinen. Wie viele Künstler dieser Zeit ging er in eine Art innere Emigration, in der Idealismus und Ästhetik statt politischer Stellungnahme das bestimmende Lebensgefühl waren. Kathleen Schröter fasst das Lebenswerk Kolbes so zusammen:

> *Er war in allen vier Regierungssystemen, der Weimarer Republik, dem nationalsozialistischen Unrechtssystem, in dem sozialistischen, wie auch kapitalistischen Nachkriegsdeutschland geschätzt.*

Nachdem er 1947 fast erblindet an Krebs stirbt, wird er neben seiner Frau an der Heerstraße beerdigt.

Skulpturengarten am Georg-Kolbe-Museum

28 Loriot (Bernhard-Viktor Christoph-Carl von Bülow, kurz Vicco von Bülow)

geboren 12. November 1923 Brandenburg an der Havel
gestorben 22. August 2011 Ammerland
Grablage: Erb 2 D-3A/B/C

Sein Künstlername erklärt sich so, dass das französische Wort „le loriot" Pirol bedeutet, und dieser Vogel wiederum Bestandteil des Wappens des mecklenburgischen Adelsgeschlechts derer von Bülow ist.

Zweifellos hat sich dieses Grab in den letzten Jahren zu einer Hauptattraktion des Friedhofs entwickelt, wofür neben der Popularität Loriots auch die Sitte – oder Unsitte, wie man will – beigetragen hat, bunte Gummienten als Devotionalien auf dem Grabstein zu hinterlassen. Hintergrund für diese ursprünglich von Pilgern in Wallfahrtsstätten geübte Praxis ist Loriots Sketch „Zwei Herren im Bad", in dem sich die beiden um eine Badeente streiten.

Der in Brandenburg an der Havel geborene Künstler war sicher einer der vielseitigsten Humoristen, den man sich vorstellen kann: Karikaturist, Schauspieler, Regisseur, Moderator, Bühnenbildner, Dirigent der Berliner Philharmoniker, Filmemacher – kaum ein Gebiet in Literatur, Presse, Film, Bühne oder Fernsehen beherrschte der als Perfektionist gerühmte Loriot nicht.

Wappen der von Bülow.

Seine besondere Stärke war die Ironie, mit der er gesellschaftliche und alltägliche Situationen durch den Kakao zog. Zum Beispiel in diesem Zitat aus einer Rede:

> *Auch müsse deutlich gesagt werden, dass ein perfekter Werbeblock im Fernsehen seine Wirkung verfehlt, wenn er alle paar Minuten von einem unverständlichen Spielfilmteil unterbrochen wird.*

In einer Würdigung dieses Ausnahmekünstlers formulierte „Der Spiegel" einen Nachruf, dem nichts hinzuzufügen ist:

> *Abschließend bleibt zu sagen, dass Loriots Tod absolut nicht nötig gewesen wäre. Unsterblich war er längst. Er wird es bleiben.*

29 Max Jakob Friedländer

geboren 5. Juni 1867 Berlin
gestorben 11. Oktober 1958 Amsterdam
Grablage: Erb 2 D-15

Friedländer entdeckte schon als Kind seine Liebe zur Kunstgeschichte: „Ich bin in Berlin zweihundert Meter vom Museum entfernt geboren und zweimal in der Schule sitzen geblieben, weil ich mich zu ausgiebig in der Bildergalerie aufhielt." Trotz seiner fragwürdigen Schulleistungen benötigte er nur 6 Semester, um in Leipzig zu promovieren. Seine Karriere in der Gemäldegalerie krönte er mit der Leitung des Kupferstichkabinetts, bevor er 1933 als „Nichtarier" entlassen wurde. Er emigrierte 1939 nach Amsterdam, wo er bis zu seinem Lebensende lebte. Dort veröffentlichte er auch sein Lebenswerk: 14 Bände zur niederländischen Malerei.

Friedländer war in den Niederlanden nach der deutschen Besetzung als Jude in größter Gefahr, doch wurde er insbesondere von Hermann Göring als Liebhaber der niederländischen Malerei vor Verfolgung geschützt. Ausgerechnet einer der Auftraggeber zur „Endlösung der Judenfrage" bewahrte den Kunsthistoriker vor Verhaftung, Deportation und Ermordung.

30 Max Steinthal

geboren 24. Dezember 1850 Berlin
gestorben 8. Dezember 1940 Berlin
Grablage: Erb 2 D

Er war ein erfolgreicher Bankier, trat als 23-Jähriger in den Vorstand der Deutschen Bank ein und war an der Gründung diverser Unternehmen beteiligt, so zum Beispiel der Firmen Goerz, Mannesmann, Siemens & Halske.

Für Berlin besonders wichtig war seine Rolle beim Bau und Ausbau der U-Bahn. Nachdem Siemens die ersten Linien gebaut und in Betrieb genommen hatte, stockte der Ausbau, weil er als unrentabel angesehen wurde. Steinthal hatte eine geniale Idee, Grundstücksgeschäfte zum wei-

teren Ausbau des U-Bahnnetzes zu nutzen. Er gründete mit der Deutschen Bank eine Gesellschaft, die große Flächen in Westend erwarb. Der Bau der dorthin führenden U-Bahnlinie konnte dann leicht mit den Mitteln aus der Wertsteigerung der erschlossenen Grundstücke getragen werden. Genauso verfuhr man bei der Schönhauser Alle. Im U-Bahnhof Klosterstraße wurde bereits 1913 eine Gedenktafel eingeweiht, auf dem unter anderem Max Steinthal zu sehen ist. (Im Jahre 2002 wurde eine Replik dieser Tafel im U-Bahnhof Alexanderplatz angebracht.)

Er und seine Frau Fanny bauten eine bedeutende Kunstsammlung auf, die 600 Werke bedeutender Niederländer und der Impressionisten umfasste. In der Zeit des NS-Staates wurden das Ehepaar und ihre sieben Kinder aufgrund ihrer jüdischen Herkunft verfolgt, der NS-Staat beschlagnahmte das Vermögen und Eigentum der Familie. Große Teile der Sammlung gingen verloren und gelten seither als verschollen. Inzwischen fand sich ein großer Teil der Sammlung wieder an und wurde im Jahre 2004 an die Erben restituiert.

Detail aus Gedenktafel im U-Bahnhof Klosterstraße

31 Klausjürgen Wussow

geboren 30. April 1929 Cammin
gestorben 19. Juni 2007 Rüdersdorf
Grablage: Erb 2 D-2A/2B

Auch sein Grabstein ziert der Titel „Professor". Dieser Titel wurde ihm ehrenhalber in Österreich verliehen, wo er seine größten Erfolge als Theaterschauspieler feierte, er war mehr als 20 Jahre lang Mitglied im Ensemble des Wiener Burgtheaters. Davor hatte der in Pommern geborene Schauspieler Engagements in vielen Städten, so in Berlin, Frankfurt am Main, Zürich, Köln oder München.

Seine Popularität in den 1970er und 1980er Jahren verdankt er schier unzähligen Auftritten in Fernsehproduktionen. In 71 Folgen der ZDF-Serie „Die Schwarzwaldklinik" gab er den Chefarzt Professor Klaus Brinkmann. Die Sendung am 17. November 1985 sahen 27,97 Millionen Zuschauer, das war ein Marktanteil von 60 %. Höhere Einschaltquoten erreichten lediglich Fußball-Übertragungen.

Wussow war viermal verheiratet. Drei Jahre vor seinem Tod im Alter von 75 Jahren heiratete er Sabine Scholz, die Witwe des Boxidols Bubi Scholz. Immer wieder machte er und seine Familie Schlagzeilen, aber nicht im künstlerischen, sondern im privaten Bereich. Gesundheitsprobleme wie Schlaganfälle, Geldsorgen, Gerüchte, schließlich die Einweisung in ein Pflegeheim wegen Demenz bestimmten die letzte Zeit seines Lebens.

32 Oskar Minkowski

geboren 13. Januar 1858 Alexoten/Kowno
gestorben 18. Juni 1931 Fürstenberg
Grablage: 3 A-30

An der „Uferstraße" findet man das das Grab zweier Brüder, deren Eltern aus dem zaristischen Russland (heute: Kaunas, Litauen) auswanderten, da sie von den antisemitischen Maßnahmen drangsaliert wurden. Im damals vergleichsweise liberalen preußischen Königsberg fanden sie eine neue Heimat.

Der ältere der beiden Brüder ist Oskar Minkowski, der als Mediziner Geschichte schrieb.

Nach den beruflichen Stationen Freiburg, Straßburg und Köln entwickelte er sich zu einem der führenden Internisten Deutschlands an der

Universität Breslau. Sein Ruf als Mediziner war äußerst groß, so dass er unter anderem Vorsitzender der „Deutschen Gesellschaft für Innere Medizin“ wurde. Auch zum Krankenbett Lenins nach Moskau wurde er gerufen, wie mehrere andere deutsche Ärzte auch. Aber bei dessen diversen Krankheiten infolge von Schussverletzungen und Schlaganfällen konnte ärztliche Hilfe nichts ausrichten. Als Lenin 1924 starb, war er gerade mal 53 Jahre alt, und über seine genaue Todesursache streiten heute noch die Mediziner.

Minkowskis Hauptverdienst liegt darin, dass er frühzeitig die Rolle und Bedeutung der Bauchspeicheldrüse bei der Entstehung der Zuckerkrankheit erkannte. Er konnte experimentell nachweisen, dass bei Dysfunktion oder Entfernung des Pankreas der Stoffwechsel gestört wird und als Folge ein diabetes mellitus auftritt.

Wer als erster den Namen „Insulin“ für das lange gesuchte Protein prägte, ist nicht zu klären. Jedenfalls gründete Oskar Minkowski 1923 das erste deutsche Insulinkomitee, das die Funktionsweise des von der Firma Hoechst produzierten, aus tierischen Organen gewonnenen Insulinpräparats untersuchte und prüfte.

Gerade als er sich zur Ruhe setzen und nach Berlin übersiedeln wollte, ereilte ihn eine Lungenentzündung, die er nicht überlebte.

Insulin-Kristalle

33 Hermann Minkowski

geboren 22. Juni 1864 Alexoten/Kowno
gestorben 12. Januar 1909 Göttingen
Grablage: 3 A-30

Er war ein Senkrechtstarter, wie er im Buche steht: Im zarten Alter von 15 Jahren Abitur, mit 20 Jahren promoviert, mit 22 Jahren habilitiert und schließlich mit 26 Professor an der Universität Bonn. Seine Spezialität als Mathematiker waren die Zahlentheorie, die Arithmetik, Geometrie sowie Beiträge zur mathematischen Physik.

Als er ans Polytechnikum Zürich wechselte, hatte er auch Albert Einstein als Schüler. Die Beiden entwickelten ein gespanntes Verhältnis. Als Einstein seine Abneigung gegen die Mathematik zeigte, wurde er kurzerhand von Minkowski als „fauler Hund" gebrandmarkt. Einstein konterte gelassen:

> *Wissen Sie, wenn man zu rechnen anfängt, b'scheisst man unwillkürlich.*

Später, als sich Minkowski über die vierdimensionale Raumzeit hermachte und Einsteins Theorie mathematisch ausformulierte, meckerte Einstein immer noch: „Seit die Mathematiker über die Relativitätstheorie hergefallen sind, verstehe ich sie selbst nicht mehr." Letztendlich vertrugen sie sich, denn Einstein musste einsehen, dass Minkowskis vierdimensionale Geometrie einen wichtigen Baustein in seiner speziellen Theorie darstellt.

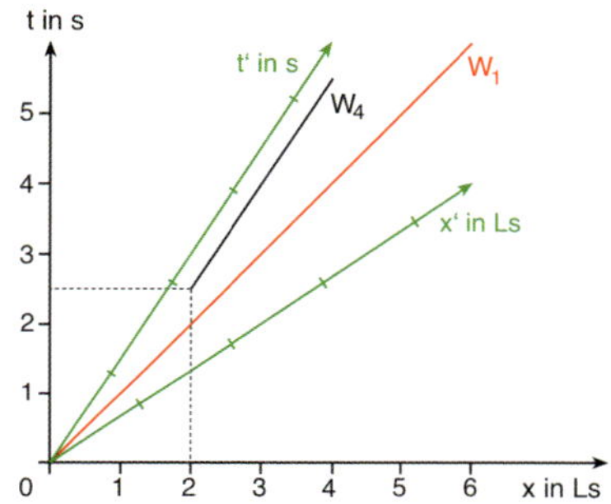

Raum-Zeit-Diagramm zur Relativitätstheorie

Im Jahre 1908 führte Hermann Minkowski spezielle Raum-Zeit-Diagramme ein, mit der sich alle Effekte der speziellen Relativitätstheorie verständlich darstellen lassen – so meinen jedenfalls sachkundige Physiker.

Im jungen Alter von 44 Jahren stirbt Hermann Minkowski an einem Blinddarmdurchbruch, erlebt also nicht mehr, als Einstein einige Jahre später die Spezielle Relativitätstheorie ausformuliert.

Nach Minkowski ist ein Asteroid sowie ein Mondkrater benannt, der sich in der südlichen Hemisphäre auf der Mondrückseite befindet.

34 Günter Anlauf

geboren 10. Februar 1924 Großhartmannsdorf
gestorben 25. Oktober 2000 Berlin
Grablage: 3 B-5

Am Uferweg fällt schon von weitem eine Skulptur auf, die ungewöhnlich ist, erst recht auf einem Grab. Hier ruht der Berliner Bildhauer Günter Anlauf, dessen Enkelin spontan beim Anblick der Figur ausgerufen haben soll: „Ein Arsch mit Ohren!" Seriöse Journalisten äußern sich nicht so drastisch, jedenfalls findet der Tagesspiegel die eher lahme Formulierung: „Sein Grab schmückt eine seiner selbst geschaffenen, eher seltsamen Figuren." Günter Anlauf selbst nannte die Figur „Popokapitell".

Günter Anlauf verdiente seinen Lebensunterhalt bei der Restaurierung des Charlottenburger Schlosses in den 1960er Jahren, wo es bei den zahl-

reichen Attikafiguren ein reiches Betätigungsfeld für Steinbildhauer gab.

Mit Günter Bruno Fuchs und Robert Wolfgang Schnell gründete er 1959 die Hinterhofgalerie „Die Zinke" in der Kreuzberger Oranienstraße. Hier entwickelte sich eine beliebte Kulturszene mit Ausstellungen und Lesungen; so las Günter Grass 1959 aus seinem Roman „Die Blechtrommel", der sich als einer der wichtigsten Texte der Nachkriegsliteratur entpuppte.

Verschiedene skurrile und humoristische Arbeiten von Günter Anlauf befinden sich im Berliner Stadtbild. Immer wieder Bären: Der Autobahn-Bär am ehemaligen innerdeutschen Grenzübergang in Berlin-Heiligensee/Stolpe und die Bären an der Moabiter Brücke.

Eins seiner Werke hat eine skurrile Geschichte: Auf dem Dach des alten Rathauses von Kreuzberg in der Yorckstraße befindet sich seit dem Jahre 1989 eine Bärenfigur aus Metall, deren praktische Funktion die eines Blitzableiters ist. Am Fuß des Bären baumelt eine zerrissene Kette; der Künstler hatte ursprünglich geplant, den Bären in Ketten zu legen, um damit die damals noch geteilte Stadt zu symbolisieren. Man entschied sich anders, und siehe da, kurz darauf wurde die Mauer geöffnet. Die Kette ist gesprengt!

Bär mit loser Kette auf dem alten Rathaus von Kreuzberg

35 Arno Holz

geboren 26. April 1863 Rastenburg
gestorben 26. Oktober 1929 Berlin
Grablage: 3 B-27/28

A.H. Kober hat als Dr. Omnis in seinem Buch über die Berliner Szene im späten Kaiserreich eine amüsante Beschreibung des Dichters und Dramatikers gegeben; ob das wirklich dokumentarisch gesichert ist oder eher fiktiv, muss offen bleiben:

> *Die Welt der armen Poeten, der Ungedruckten, der Futuristen, der um die Kunst Hungernden, der Abseitigen. Und da ist noch ein Abseitiger! Er verkehrt nicht mehr im Café Größenwahn, er haust in einer Dachwohnung, und als Omnis ihn einmal besuchte, schimpfte er fürchterlich auf Gerhart Hauptmann: „Dieser Räuber! Dieser Bandit! Dieser Schuft, der mir meine Erfolge gestohlen hat!"*

Es ist Arno Holz, nun ein Fünfziger mit einem schmalen, sehr durchgeistigten Gesicht, einer hohen, kühnen Stirn. Etwas ist an seinem Hass gegen Hauptmann: Der ist von Holz, Ende der achtziger Jahre, zum Naturalismus geführt worden... Holz hatte wirklich das erste deutsche Drama geschrieben, in dem das naturalistische Abbild des grauen Alltags von heute auf die Bühne gebracht wurde. Aber Gerhart Hauptmann erntete die Erfolge... Arno Holz wird gedruckt, gelesen auch, aber zu wenig, er bleibt abseits. Auf seinem Grab ist auf einer Platte eine Zeile aus seinem dichterischen Hauptwerk „Phantasus" eingraviert:

Mein Staub verstob, wie ein Stern strahlt mein Gedächtnis.

„Phantasus" ist ein Gedichtband, der vom Autor ständig erweitert wurde: Die Erstausgabe 1898/99 enthielt 50 kurze Gedichte, die nächste Ausgabe 1916 umfasste schon 336 Seiten, dann 10 Jahre später 1345 und schließlich in der Nachlassausgabe 1962 stolze 1584 Seiten.

Er lebte Zeit seines Lebens in dürftigen Verhältnissen, der Erfolg wollte sich nicht einstellen. Zeitweise lebte er vom Verkauf selbstgebastelten Kinderspielzeugs. Immerhin wurde er 1929 für den Nobelpreis nominiert, wenn auch ergebnislos. Einige Monate darauf starb er.

„Die Zeit" urteilte zu seiner Werkausgabe in sieben Bänden lakonisch: „Auch die Gesamtausgabe wird keine Arno-Holz-Renaissance einleiten." Denn seine Lust zum „Allzulangen" schrecke doch manche Leser ab: Gedichte über mehr als 100 Seiten sind nun einmal nicht Jedermanns Sache.

Gottfried Benn am Grab von Arno Holz

36 Felix Hollaender

geboren 1. November 1867 Leobschütz
gestorben 29. Mai 1931 Berlin
Grablage: 3 B-29/30

Felix Hollaender, der Bruder der beiden berühmten Musiker Gustav und Viktor, war Schriftsteller, Theaterkritiker und Dramaturg. Als Erzähler verfasste er zahlreiche naturalistische und spannende Unterhaltungsromane.

Seine Theateraktivitäten als Dramaturg und Regisseur führten ihn in das Deutsche Theater, nach Frankfurt am Main und schließlich als Nachfolger von Max Reinhardt an das Große Schauspielhaus Berlin. Von 1920 bis 1923 leitete er das Deutsche Theater Berlin. Er wird zum Friedrichshagener Dichterkreis gezählt, dem eine lange Reihe naturalistischer Schriftsteller angehörten, unter ihnen Wilhelm Bölsche, Bruno Wille oder Else Lasker-Schüler.

Die Schauspielerin Tilla Durieux (siehe Kapitel 16) schreibt in ihren Memoiren über ihn:

> *Unter den Dramaturgen, die in den ersten Jahren Reinhardt berieten [...] ragte Felix Holländer hervor, der Typus des talentvollen fanatischen Juden. Er war es, der Reinhardts große Allüren unterstützte, und er war es, der ihn als Fürsten auf einen Thron setzen wollte. [...] Felix Holländer schrieb in seiner Jugend Romane, die großen und berechtigten Erfolg hatten. Äußerlich war er klein und häßlich. Er sah aus wie ein verkümmerter Mephisto. Seine Intelligenz aber war bedeutend. [...] Reinhardt selbst stammte aus armer Familie, seine Manieren waren nicht immer die besten, bis auch hier Holländer manches zu mildern vermochte.*

Porträt von Emil Orlik, um 1920

MEIN HERZLIEBES RUHE IN GOTT
ELLY HABY GEB. BARTHEL
* 11.2.1887 † 19.11.1932
FRANÇOIS HABY
* 1.6.1861 † 25.4.1938

37 François Haby

geboren 1. Juni 1861 Danzig
gestorben 24. April1938 Berlin
Grablage: 4 A-64

Geradezu eine Sehenswürdigkeit der Reichshauptstadt wurde ein Frisiersalon im Dom-Hotel an der Friedrichstraße, den der ehrgeizige und aufstrebende Bart- und Haarkünstler François Haby 1901 in Auftrag gab. Der in Antwerpen geborene Henry Clement van de Velde (1863–1957) – erfolgreicher Architekt, Designer und Mitbegründer des „Deutschen Werkbundes" – legte sich ins Zeug und gestaltete für diesen profanen Zweck ein Meisterwerk des Jugendstils. Nicht nur die Mahagoni-Möbel, sondern auch das Zubehör vom Haarfärbeschälchen bis zu den Hinweisschildern zeigen seine Kunst.

Der Arbeitstag von François Haby begann jeden Morgen um sieben Uhr, und zwar nicht in seinem Geschäft, sondern im Schloss. Sein erster Tageskunde war nämlich Kaiser Wilhelm II. persönlich, dessen Bartfrisur besondere Pflege erforderte. Es ist überliefert, dass der Kaiser beim Blick in den Spiegel den Meisterfriseur Haby mit dem Zuruf „Donnerwetter – tadellos!" ehrte. Haby war ein PR-Profi, der seine von ihm erfundene Bartbinde zur nächtlichen Schonung der Gesichtsfrisur mit diesem kaiserlichen Lob bedrucken ließ. Erfolg macht neidisch, und so beklagten sich seine Zunftkollegen über den allzu umtriebigen Friseur:

> *Man verlangt jetzt kategorisch, daß der Unfug mit dem Mißbrauch des Monarchen als Reklametrik [!] endlich aufhört.*

Auch ohne den Kaiser als Zugpferd ging das Geschäft von Herrn Haby und seiner Nachfolger noch hervorragend und überlebte zwei Weltkriege. Erst Anfang der 1960er Jahre wurde mit dem Abriss des stark beschädigten Hotelgebäudes das Ende des Frisiersalons besiegelt.

Nach dem Auflösen des Salons wurde die Einrichtung in alle Winde verstreut. Ein Teil landete beim Bauhaus in Weimar, ein Teil beim Hygiene-Museum in Dresden, glücklicherweise blieb das Arrangement mit zwei Frisierstühlen in Berlin. Es wurde im damaligen Friseur-Museum in der Husemannstraße „im Prenzelberg" – wie der Berliner sagt – ausgestellt. Nach einer weiteren Irrfahrt nach der Auflösung dieses Museums konnte es schließlich im Jahre 2009 für die Dauerausstellung im Märkischen Museum gesichert werden.

Der Salon und des Kaisers Bart haben es auch zu literarischen und Filmehren gebracht: Diederich Heßling, der „Untertan" im gleichnamigen Roman von Heinrich Mann versucht es auch mit der Bartfrisur des Kaisers und ist so begeistert, dass er sich mit einem Gesicht der Macht ausgestattet wähnt. Im DEFA-Film von 1951 mit Werner Peters in der Rolle des „Untertans" wird die Szene um des Kaisers Bart als glanzvolle Parodie inszeniert.

Nach seinem Tode musste Haby noch einige Umzüge antreten. Bestattet wurde er zunächst in seinem Todesjahr 1938 auf dem Alten St.-Matthäus-Friedhof in Schöneberg. Als wegen der Wahnsinnsplanungen zur „Welthauptstadt Germania" ein Teil des Friedhofs aufgehoben wurde, wurden seine Gebeine wie die vieler Tausend anderer auf den Südwestkirchhof Stahnsdorf umgebettet, wo heute noch sein (erster) Grabstein steht. Als nach dem Kriege Stahnsdorf weitgehend unzulänglich mitten in der DDR lag, beschloss die Familie 1949 eine weitere Umbettung, diesmal an das Ufer des Sausuhlensees.

38 Marcellus Schiffer

geboren 20. Juni 1892 Berlin
gestorben 24. August 1932 Berlin
Grablage: 4 A-62/63

Ja, mein Mann, ist ein Mann!
So ein Mann wie mein Mann!
Wie der Mann von der Frau,
Wie der Mann von der Frau!
Früher gab's den Hausfreund,
doch der schwand dahin!
Heute statt des Hausfreunds
Gibt's die Hausfreundin!

Das von Margo Lion und Marlene Dietrich 1928 gesungene Duett „Wenn die beste Freundin mit der besten Freundin“, aus dem die obige eindeutig-doppeldeutige Strophe stammt, brachte für den als Otto Schiffer geborenen Autor und dessen Komponisten Mischa Spoliansky den Karriere-Durchbruch. Die Revue „Es liegt in der Luft“ kann man als erstes deutsches Musical bezeichnen.

Seine Couplets wurden und werden nicht nur von Marlene Dietrich gesungen: Es gibt zahlreiche Aufnahmen von den Comedian Harmonists bis zu Max Raabe. In der „Deutschen Biographie“ wird sein Lebenswerk so gewürdigt:

> *Mit seinen Kabarettrevuen schuf S. den Typ des urbanen, vage zeitkritischen Kleinkunst-Musicals voller Witz und literarischem Anspruch. Der Entschluß zum Freitod fünf Monate vor dem Machtantritt der Nationalsozialisten war weniger politisch begründet als durch seine melancholische Natur, wie sie auch in Notizen und Gedichten immer wieder zum Ausdruck kam. Noch kurz vor seinem Tod hatte S. auch bei einem größeren Publikum Popularität gewonnen durch seinen Schlager „Heute nacht oder nie“ mit der Musik seines kongenialen Komponisten Mischa Spoliansky für den Tonfilm „Das Lied einer Nacht“ (1932, Regie: Anatol Litvak), ursprünglich gedacht als Parodie auf die verkitschten Schlager der Zeit.*

39 Rudolf Heltzel

geboren 14. Januar 1907 Habstein/Böhmen
gestorben 10. Juni 2005 Berlin
Grablage: 4 A-51

Ein seltener Grabschmuck – zumindest auf diesem Friedhof – ist das Kruzifix am Grab von Rudolf Heltzel. Dies erklärt sich aber zwanglos damit, dass es ein Werk des dort Bestatteten ist und dieser als Bildhauer vor allem Kreuzwege, Krippen und Heiligenfiguren geschaffen hat.

Sakrale Werke von ihm findet man unter anderem in Alt-Buchhorst und in der Charlottenburger Kirche „Maria Regina Martyrum", deren Krippenfiguren Porträts von Widerstandskämpfern zeigen.

Ferner wurde er als „malender Fontane" bekannt, denn er wanderte auf den Spuren des Dichters mit dem Zeichenblock durch die Mark Brandenburg.

40 Günter Meisner

geboren 18. April 1926 Bremen
gestorben 5. Dezember 1994 Berlin
Grablage: 4 A-20

Der bei Gustaf Gründgens im Schauspielhaus Düsseldorf ausgebildete Schauspieler machte Theaterkarriere in Bochum, Berlin, Recklinghausen und New York.

Sein Markenzeichen war das kantige Gesicht mit den schmalen Lippen. Deshalb spielte er in seinen schier endlosen Filmrollen mit mehr als 50 Titeln vor allem Schurken oder Exzentriker. Er starb bei den Dreharbeiten zu dem Tatort „Die Kampagne".

41 Paul Wegener

geboren 11. Dezember 1874 Arnoldsdorf/Westpreußen
gestorben 13. September 1948 Berlin
Grablage: 4 B-Böschung

Er war Staatsschauspieler und trat fast 20 Jahre unter Max Reinhardt im Deutschen Theater auf, spielte alle großen Rollen von Richard III. über Mephisto bis Nathan.

Sehr früh machte er seinen Weg beim Film. Ab 1913 wirkte er in vielen Stummfilmen mit und inszenierte auch eigene Filme. Seine berühmte Rolle wurde hier die des „Golem“ nach der alten jüdischen Legende.

Obwohl er in solchen Nazi-Propagandafilmen wie „Kolberg“ (Premiere am 30. Januar 1945 im Tauentzien-Palast!) mitwirkte, erhielt er sofort nach Kriegsende von der sowjetischen Besatzungsmacht die Erlaubnis, wieder aufzutreten, denn seine kritische Haltung zu den Nationalsozialisten wurde von vielen Zeitgenossen bezeugt. Am 7. September 1945 eröffnete das Deutsche Theater seine erste Nachkriegssaison mit Lessings „Nathan der Weise“. Dies wurde die letzte Theaterrolle Wegeners.

Paul Wegener
in seiner Rolle als Golem

Sein Grab ziert ein marmorner Maujushri mit einem Löwen, also der Buddha des Wissens, des Lernens und der Weisheit. Birgit Jochens schreibt zu diesem ungewöhnlichen Grab:

Mit dieser Gruppe, die früher im Garten Wegeners in der Binger Straße 63 a in Wilmersdorf aufgestellt war, ist darauf verwiesen, daß es bei aller Hochachtung für einen großen Künstler und Regisseur auch einen gründlichen Kenner und Sammler asiatischer Kunst zu würdigen gilt, einen Menschen, dem Westen und Osten, Christentum und Konfuzianismus nicht gegensätzliche, sondern einander ergänzende Welten und Arten des Seins waren. Daß diese Anschauung auch am Grabe mit einem symbolischen Hinweis bekundet werden konnte, zeugt vom weltläufigen Charakter dieses Friedhofs. In den Kirchen jedenfalls ist die Vermischung von Religionen bei den Gläubigen noch bis weit in die 50er Jahre hinein heftig bekämpft worden.

Paul Wegener (rechts)
in seiner Rolle als Nathan der Weise

42 Peter Paul Wegener

geboren 29. August 1917 Berlin
gestorben 13. September 2008 New Haven/Connecticut
Grablage: 4 B-Böschung

Der Sohn des berühmten Schauspielers Paul Wegener hatte einen äußerst bewegten Lebenslauf. Sein Physikstudium musste er 1939 unterbrechen, um in den Krieg zu ziehen; allerdings konnte er 1943 trotzdem promovieren und Karriere machen. Er wurde von Werner von Braun nach Peenemünde auf Usedom geholt und arbeitete am Raketenprojekt der V2 („Vergeltungswaffe 2") mit, die von der NS-Propaganda als „Wunderwaffe" eine Kriegswende herbeiführen sollte.

V2-Rakete („Wunderwaffe" der Deutschen)

Sein Spezialgebiet war Wind, beziehungsweise der Widerstand, den Wind Flugzeugen und Raketen entgegenbringt. Wegener entwickelte sich zu einem absoluten Fachmann für Windkanäle und -tunnel und baute den ersten Überschall-Windkanal der Welt.

Nach dem Krieg kam das gesamte Peenemünder Team in die USA und arbeitete an der Entwicklung des amerikanischen Raketenprogramms mit, das letztlich in der Mondlandung gipfelte. Viele wissenschaftliche Stationen durchlief er in den USA, wo er 1960 Professor an der Yale University wurde. Seine Memoiren über die Raketenforschung in Peenemünde liegen inzwischen auch in deutscher Übersetzung vor.

Der Gestalter des „Grabzeichens" ist Michael Spengler aus Berlin. Er schreibt zu dieser Arbeit:

Das denkwerk für Peter Paul Wegener reflektiert sein berufliches Schaffen aber es nimmt auch Bezug auf die Skulptur, die auf dem Grab seines Vaters steht.
Ebenso wie dieser „Buddha mit Löwe", ist sein Grabzeichen aus Marmor gearbeitet. In den äußeren Dimensionen sehr ähnlich, verkehrt sich seine Bearbeitung nach Innen.
Trichterförmig sind Kanäle in den Marmor gehauen und fein geschliffen. Sie erinnern an Windkanäle...

43 Frank-Jürgen Krüger („Eff Jott")

geboren 24. Dezember 1948 Berlin
gestorben 26. April 2007 Berlin
Grablage: 4 B-Böschung 2

Der Pop-Gitarrist Eff Jott hatte zusammen mit Annette Humpe gleich mit seinem Debutsong „Hundsgemein" einen Riesenerfolg, der sich mehr als eine Million Mal verkaufte. Eine Kostprobe:

Du hast im Ritz gesessen
Echten Lachs gegessen
Alles ohne mich!

Sekt und Grappa saufen
Mit von Hohenstaufen
Alles ohne mich!

Nachts um drei
Lässt du die Gerste frei
Alles ohne mich!

Refrain: Das ist gemein, so gemein, hundsgemein.

Ihre Band „Ideal" wurde zu einer der einflussreichsten der Neuen Deutschen Welle. Auch der Auftritt in der Waldbühne vor 22000 Fans im Jahre 1981 mit dem Song „Ich steh auf Berlin" wurde zu einem großen Erfolg. „Die Welt" schreibt in ihrem Nachruf auf ihn:

Mit seinen zackig-zickigen, spartanisch durchdachten Gitarren-Riffs hat er Anfang der achtziger Jahre den Sound der Neuen Deutschen Welle geprägt. An der Seite von Sängerin Annette Humpe spielt Frank Jürgen Krüger, kurz „Eff Jott", in der Berliner Band Ideal, die Punk und New Wave mit klugen Songs und deutschen Texten Paroli bot...
Die abgehackten Gitarren-Riffs von Krüger korrespondierten prächtig mit Humpes nicht weniger stakkatohaftem Orgelspiel. Und bei „Hundsgemein" vom ersten Ideal-Album, zeigte Krüger, dass er seine Art, die Saiten zu bearbeiten, auch bestens auf seine Stimmbänder zu übertragen wusste.

44 Ulrich Roski

geboren 4. März 1944 Prüm in der Eifel
gestorben 20. Februar 2003 Berlin
Grablage: 4 B-Böschung 1

Er gehört zu der Liedermacher-Garde, die in den 1970er Jahren für Furore sorgt, gemeinsam mit Hannes Wader, Schobert und Black, Konstantin Wecker und vielen anderen. Mit Reinhard Mey verband ihn sogar eine gemeinsame Schulzeit auf dem Französischen Gymnasium in Berlin.

Er sang meist solo, begleitet von der Gitarre oder vom Flügel. Auf Kleinkunstbühnen und in Kabaretts trat er am liebsten auf, da ihn dort der enge Kontakt zum Publikum animierte. Aber er realisierte auch zwei seiner Träume, einen Songabend in der Philharmonie zu gestalten sowie ein Open-Air-Konzert in der Waldbühne.

Die gesellschaftskritische und politisch-kritische Attitüde war nicht sein Spezialgebiet, manchmal sind seine Songs hart an der Grenze zu

Blödel-Songs, wie die folgenden Zeilen aus dem Lied „Der langsamste Cowboy der Welt" illustrieren:

Wer reitet so spät durch Laramie?
Es ist ein Cowboy auf seinem Vieh
Er klemmt die Stute fest in den Schritt
Doch die Stute ist wütend, sie macht nicht mehr mit
Sie denkt: „Ich werd' dir schon helfen, du Kauz!"
Und bremst kreischend. Im Schlamm liegt ein Cowboy. Bautz!

Ab 1998 hat er mit einem tückischen Zungenkarzinom zu kämpfen, wird operiert, kann natürlich kaum noch singen. Aber er lebt noch fünf Jahre, ehe er dem Krebsleiden erliegt.

Ulrich Roski in der Berliner Philharmonie

45 Thea von Harbou

geboren 27. Februar 1888 Hof/Saale
gestorben 1. Juli 1954 Berlin
Grablage: 6 H-10

Sie gilt neben Leni Riefenstahl als die bedeutendste Frau des frühen deutschen Films, weniger wegen ihrer seltenen Regiearbeiten, sondern wegen ihrer Unzahl von Drehbüchern, die sie verfasste. Sie heiratete 1922 den genialen Filmregisseur Fritz Lang und schrieb dann alle seine Drehbücher bis zu dessen Emigration 1933.

Ganz herausragend und auch heute noch immer wieder zu sehen, sind die Lang-Filme „Metropolis", „M" oder „Die Nibelungen".

1926 macht sie Karl May, an dem sie sich auch in manchen Drehbüchern orientiert, ein besonderes Kompliment:

Wenn die zwei Worte „Erste Liebe" das Gefühl umgrenzen, das ein junges Geschöpf zum erstenmal zu allen Höhen der Glückseligkeit und allen Tiefen der Verzweiflung schleudert, dann galt meine erste Liebe Winnetou, dem großen Häuptling der Apachen. Diese Liebe kam in mein Leben, als ich zwölf Jahre alt war; und ich bin ihr treu geblieben bis auf den heutigen Tag.

Nach der Trennung von Fritz Lang blieb sie weiter groß im Filmgeschäft tätig, trat auch der NSDAP bei und erhielt zahlreiche Preise. Nach dem Kriege wurde sie zwar von der britischen Besatzungsmacht kurzzeitig interniert, brauchte aber nicht lange, um ins Filmgeschäft mit Drehbüchern und Synchronbüchern zurückzukehren.

Als Fritz Lang wieder nach Berlin zurückkehrt, wird er Thea von Harbou nicht mehr wiedersehen. Aber er erinnert sich an einen ihrer Romane von 1921 und verfilmt ihn für die Monumentalfilme „Der Tiger von Eschnapur" (1958) sowie „Das indische Grabmal" (1958).

Fritz Lang und Thea von Harbou, 1923/1924

46 Gunter Gabriel

geboren 11. Juni 1942 Bünde
gestorben 22. Juni 2017 Hannover
in memoriam 6 H-5

Er wurde als Günter Caspelherr geboren und als Country- und Schlager-Sänger bekannt, betätigte sich aber auch als Komponist, Synchronsprecher und TV-Moderator.

Seinen ersten Hit landete er 1974 mit dem Fernfahrersong „Er ist ein Kerl (der 30 Tonner Diesel)". Viele seiner Songs waren den amerikanischen Originalen nachempfunden, so öfters Übertragungen von Johnny Cash.

Trotz aller Erfolge kam er immer wieder in fatale Schwierigkeiten: Millionen-Verluste bei Immobilien, Ehestreitigkeiten und Alkoholprobleme machten ihm zu schaffen.

In späteren Jahren widmete er sein Schaffen immer mehr Johnny Cash, besuchte ihn kurz vor dessen Tod (2003) in Tennessee und nahm dort ein Album mit verdeutschten Cash-Songs auf. Schließlich ging er noch auf Tournee mit dem Bühnenstück „Hello, I'm Johnny Cash".

Als er an seinem 70. Geburtstag gefragt wurde, ob er Angst vor dem Tod ehabe, antwortete er:

> *Keinesfalls. Ich sag' dir auch warum: weil ich einen Haufen Zeugs gut gemacht habe in meinem Leben. Nicht Kinder zeugen. Das kann jeder. Und als Vater war ich schließlich ein Totalversager. Viermal verheiratet, da hab' ich mich auch nicht mit Ruhm bekleckert. Aber ich hab' ein paar geile Songs geschrieben. Und ich habe ein superinteressantes Leben gelebt mit allen Amplituden.*

An seinem 75. Geburtstag zog er sich bei einem Treppensturz tödliche Verletzungen zu. Er wurde vor Travemünde seebestattet, Freunde setzten hier diesen Gedenkstein.

47 Hans Maria Wingler

geboren 5. Januar 1920 Konstanz
gestorben 19. Januar 1984 Berlin
Grablage: 7 D-10/11

Er gründete 1960/61 das Bauhaus-Archiv als Museum in Berlin und war bis zu seinem Lebensende dessen Direktor. In den 1950er Jahren gab er mehrere Bücher über die Kunst des Expressionismus heraus und markierte damit den Beginn der kunstwissenschaftlichen Auseinandersetzung mit der modernen Kunst des 20. Jahrhunderts, die kurz zuvor noch als „Entartete Kunst“ diffamiert worden war.

Hans Maria Wingler mit Walter Gropius, 1961

Als er viele Bauhaus-Ehemalige wie Walter Gropius, Max Bill oder Mies van der Rohe kennen lernte und ein umfassendes Buch zum Thema Bauhaus veröffentlichte, entwickelte sich dann die Idee, das Bauhaus-Archiv nach einem Entwurf von Gropius als „Museum für Gestaltung" in Berlin aufzubauen (ursprünglich für Darmstadt geplant).

Das Grabmal wurde ursprünglich von Max Cassirer für seine Frau Hedwig errichtet und ging später an Wingler über. Dieser Max Cassirer war ein Onkel von Paul Cassirer (siehe Kapitel 15), war im Holz-Handel tätig und als Stadtrat von Charlottenburg ein erfolgreicher Kommunalpolitiker. Das Relief auf der Grabwand zeigt zwei Rehe, eine Ziege und ein grasendes Schaf, ist also ein ähnliches Motiv wie bei dem Grab von Alfred Cassirer (siehe Kapitel 17). Beide stammen von August Gaul, dem weithin berühmten Tier-Bildhauer. So hat August Gaul neben vielen anderen Werken auch den Brunnen mit Schwanenküken am Kurfürstendamm sowie den Entenbrunnen vor dem Renaissance-Theater gestaltet, beide übrigens gestiftet von Max Cassirer.

Die griechische Inschrift EN KAI PAN (eines und alles) soll – so die Witwe Hedwig Wingler – auf die überkonfessionell ausgerichtete Religiosität Winglers verweisen.

Weitere Grabstellen

Übersichtskarte

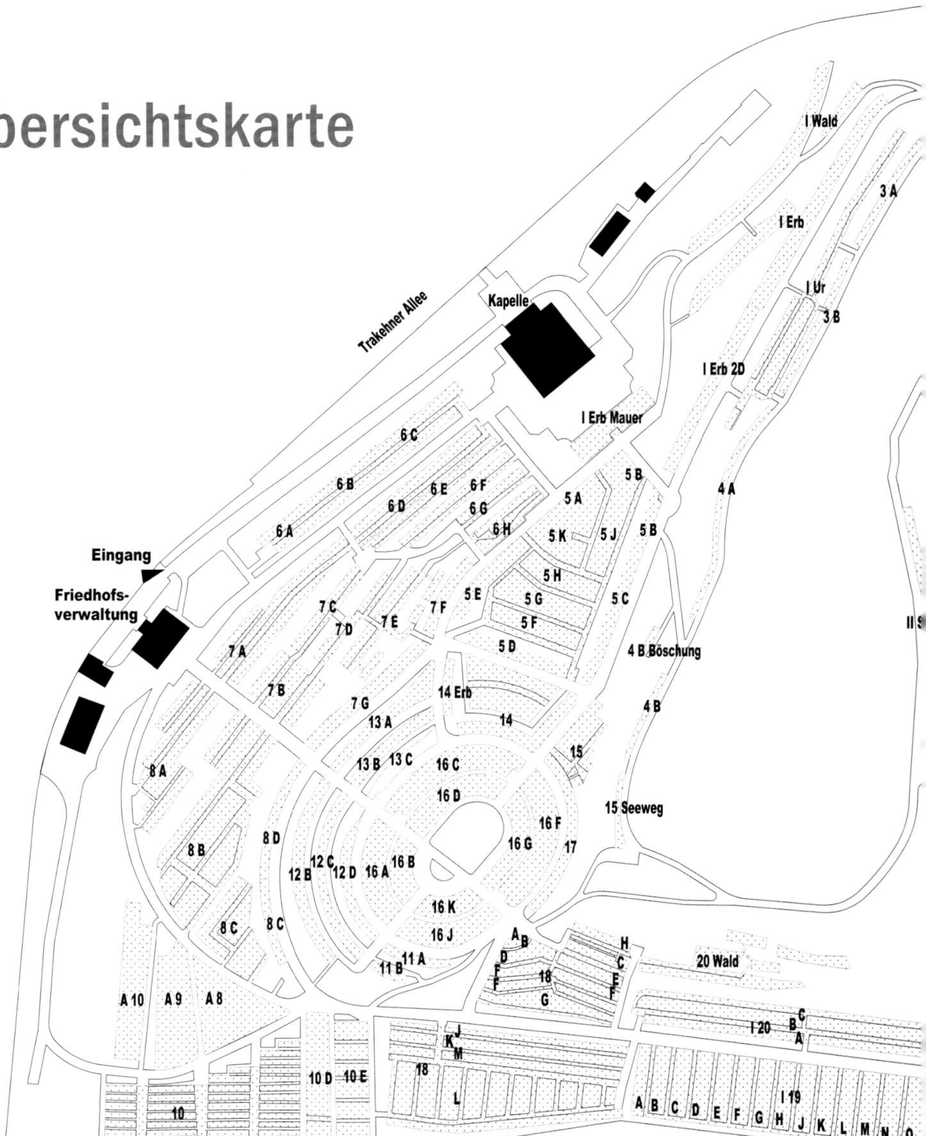

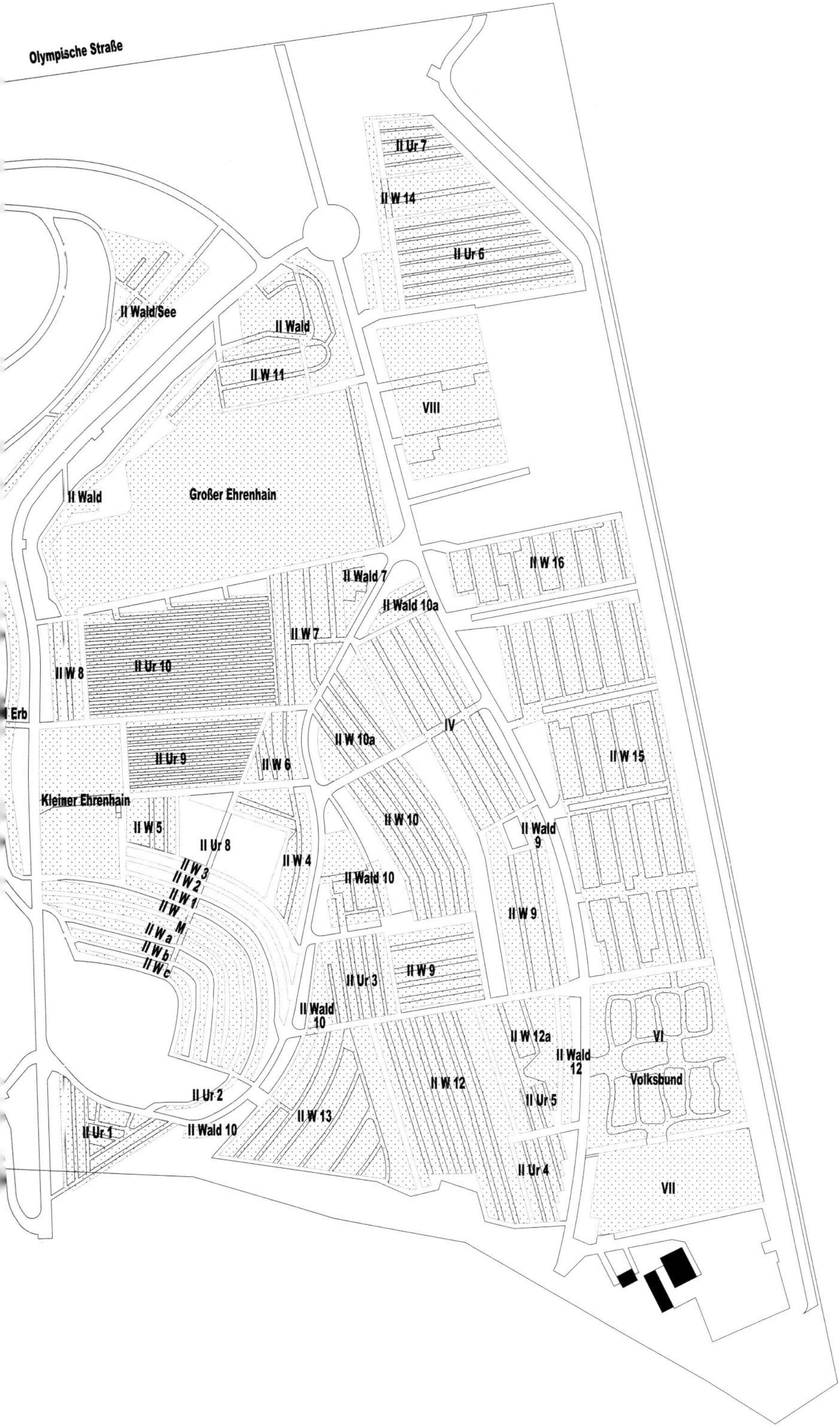
Olympische Straße
II Ur 7
II W 14
II Ur 6
II Wald/See
II Wald
II W 11
VIII
II Wald
Großer Ehrenhain
II W 16
II Wald 7
II Wald 10a
II W 7
II W 8
II Ur 10
Erb
IV
II W 10a
II Ur 9
II W 6
II W 15
Kleiner Ehrenhain
II W 5
II Ur 8
II W 10
II Wald 9
II W 4
II W 3
II W 2
II W 1
II W
M
II W a
II W b
II W c
II Wald 10
II W 9
II Ur 3
II W 9
II Wald 10
II W 12a
VI
II Wald 12
II W 12
Volksbund
II Ur 2
II Ur 5
II W 13
II Ur 1
II Wald 10
II Ur 4
VII

Ahrens, Wilhelm 1878-1956

Grablage: II W 12-23

Nach der Schaffung der Einheitsgemeinde Groß-Berlin im Jahre 1920 wurde der SPD-Politiker unbesoldeter Stadtrat im Berliner Magistrat, zuständig für das Tarifwesen und die Feuerwehr. In dieser Funktion blieb er, bis er als letzter demokratischer Stadtrat das Rote Rathaus am 14.3.1933 zwangsweise verlassen musste.

Albertz, Jörg 1938-2010

Grablage: II Ur 6-6

Professor für Photogrammetrie und Kartographie an der TU Berlin. Herausgeber der Lehrbücher „Photogrammetrisches Taschenbuch" und „Einführung in die Fernerkundung".

Althen, Michael 1962-2011

Grablage: 16 C-9/10

Der Filmkritiker bei verschiedenen namhaften Zeitungen wurde auch als Filmemacher Grimme-Preisträger. In seinem Nachruf heißt es:

> *Michael Althen war die führende Stimme und der größte Cineast der deutschen Filmkritik seit den achtziger Jahren. Uns allen hat er gezeigt, wie man nicht nur über Film schreiben, sondern mit Film leben kann.*
>
> *(Frank Schirrmacher)*

Andreas, Sabine 1942-2010

Grablage: 18 H-1

Ihre Karriere als Schauspielerin erreichte den Höhepunkt bei Regisseur Peter Stein in der Schaubühne am Halleschen Ufer. Sie spielte in einem der erfolgreichsten Stücke dieses Theaters die Olga Dudakow in den „Sommergästen". Von 1997 bis 2008 war sie Professorin für Schauspiel an der Universität Mozarteum Salzburg.

Ansorge, Conrad 1862-1930

Grablage: 19 G-21/22/23

Ansorge studierte von 1880 bis 1882 am Leipziger Konservatorium, lebte von 1883 bis 1885 in Weimar und war dort 1885 Schüler von Franz Liszt. Ab 1895 lebte er in Berlin.

Er schrieb zahlreiche Orchester- und Kammermusikwerke, Sonaten, Klavierstücke und Lieder sowie Bearbeitungen. Als Pianist zeichnete er sich besonders durch seine tiefgründigen, vergeistigten Interpretationen der Werke Beethovens, Schuberts, Schumanns, Chopins und Liszts aus.

Arjouni, Jakob 1964-2013

Grablage: II W 2-18/19

Der als Jacob Benjamin Bothe geborene und unter dem Nachnamen seiner damaligen Ehefrau publizierende Schriftsteller wurde 1985 weitgehend bekannt durch seinen ersten Krimi um den Detektiv Kayankaya: Happy Birthday, Türke!

Seine Werke haben zeitgenössische Probleme zum Thema wie beispielsweise Rassismus, den jugoslawischen Bürgerkrieg, Nationalismus, Geschichtsverdrängung oder Antisemitismus im vereinten Deutschland. Für seinen Verlag Diogenes fasste er seinen Lebenslauf so zusammen:

> *1964 in Frankfurt am Main geboren, aufgewachsen in Frankfurt und Oberroden. Mit zehn auf ein Internat im Odenwald. Mit zwölf zum ersten Mal „Rote Ernte" von Hammett gelesen – nicht alles verstanden, aber begeistert. Von vierzehn bis achtzehn regelmäßige Fahrten ins Frankfurter Bahnhofsviertel zum Pool-Billard. Sergio-Leone-Filme gesehen. Nach dem Abitur nach Montpellier, Südfrankreich. Abgebrochenes Studium. Zweieinhalb Jahre Arbeit als Kellner, Badeanzug- und Erdnussverkäufer. Ersten Roman geschrieben, „Happy Birthday, Türke!", und erstes Theaterstück, „Die Garagen". Mit zweiundzwanzig nach Berlin auf eine Schauspielschule. Schnell abgebrochen. Studium an der Freien Universität. Noch schneller. Hugo, Faulkner und Irmgard Keun gelesen. Roman „Mehr Bier" geschrieben, Theaterstück „Nazim schiebt ab", Roman „Ein Mann, ein Mord". Beruf gefunden. Umzug nach Paris. Theaterstück, „Edelmanns Tochter". Zurück nach Berlin. Roman, „Magic Hoffmann".*

Bamberg, Hermann 1846-1928

Grablage: 5 D-1

Bamberg war ein deutsch-jüdischer Kaufmann und Berliner Kommunalpolitiker. Er machte sich als Seniorchef der Textilfirma Gebr. Manheimer sowie als langjähriges Mitglied der Berliner Stadtverordnetenversammlung einen Namen. Ehrenbürger seit 1926.

Baumgart, Reinhard 1929-2003

Grablage: 11 A-6/7

Baumgart war einer der wichtigsten Literaturkritiker und schrieb mehr als 600 Kritiken in vielen Medien, unter anderem bei der „Zeit" und im „Spiegel". 1990 wurde er Nachfolger von Walter Höllerer auf dem Lehrstuhl für Sprache im technischen Zeitalter an der Technischen Universität. Sein Leben war geprägt von den kulturellen, politischen, vor allem links-intellektuellen Debatten und Spannungen seiner Zeit, die auch in seinen persönlichen Freundschaften zu Konflikten führten.

Behmer, Marcus 1879-1958

Grablage: 8 C-54

Als Illustrator und Zeichner machte er sich bei vielen Zeitschriften einen Namen, unter anderem beim „Simplicissimus" und der Zeitschrift „Die Insel", eine der wichtigsten deutschen Zeitschriften der beginnenden literarischen Moderne von 1899-1902.

Berliner, Arnold 1868-1942

Grablage: 18 F-12

Physiker und Herausgeber der Zeitschrift „Die Naturwissenschaften". Nach der Machtergreifung der Nazis wurde er aus der Redaktion vertrieben und beging Suizid, um seiner Deportation zuvorzukommen.

Blech, Leo 1871-1958

Grablage: 20 Wald 1e

Der Dirigent und Komponist war ab 1926 leitender Dirigent der Berliner Staatsoper, musste aber wegen seines jüdischen Glaubens 1937 emigrieren. Nach seiner Rückkehr nach West-Berlin wurde er Generalmusikdirektor an der Berliner Städtischen Oper. Seine Frau Martha (1871-1962) war eine bekannte Opernsängerin (Sopran).

Bloch, Werner 1890-1973

Grablage: 18 L–51

Der SPD-Politiker emigrierte im Dritten Reich nach Schweden und war ab 1951 im Abgeordnetenhaus. Er wurde schließlich Stadtrat in Schöneberg sowie Stadtältester.

Bohnen, Franz Michael 1887-1965

Grablage: 18 B-9

Der international bekannte Bassbariton war 1918 bis 1931 Ehrenmitglied der New Yorker Metropolitan Opera und entwickelte nach dem Kriege das Theater des Westens als Intendant zu einem Opernhaus. Er spielte auch in den 1930er Jahren in verschiedenen Filmen mit. Legendär wurde seine Muskelkraft. Seine Kollegin Lil Dagover beschreibt in ihrer Autobiographie, wie er unter anderem mit einem lebendigen Stier kämpfte oder in dem Film „August der Starke“ mit ausgestreckten Armen einen Knaben zum Fenster hinaushielt.

Bonhoeffer, Karl 1868-1948

II W 12-286/287

Der als Psychiater, Direktor der Universitätsklinik und Poliklinik für psychiatrische Erkrankungen der Charité und Ordinarius an der Friedrich-Wilhelms-Universität tätige Bonhoeffer ist im Zusammenhang mit dem im Dritten Reich praktiziertem Umgang mit „Erbkrankheiten“ und Zwangssterilisationen kontrovers eingeschätzt worden.
Wikipedia schreibt zu diesem Thema:

> *Bonhoeffers Haltung und sein Handeln im Zusammenhang mit den NS-Krankenmorden, wobei psychisch Kranke in großem Maßstab getötet wurden, wird unterschiedlich gesehen. Nach Auffassung einiger Historiker „distanzierte [er] sich von Zwangssterilisationen und Euthanasie“ und leistete hiergegen Widerstand, indem er sowohl mit den damals Verantwortlichen als auch mit Gegnern der „Aktion T4“, zum Beispiel mit Friedrich von Bodelschwingh, Kontakt aufnahm. Dieser zeigte sich allerdings in einem Brief enttäuscht über die Zurückhaltung Bonhoeffers in diesen Fragen.*

Seine Söhne Dietrich und Klaus Bonhoeffer, sowie seine Schwiegersöhne Hans von Dohnanyi und Rüdiger Schleicher, wurden als Widerstandskämpfer im Dritten Reich hingerichtet.

1946 im hohen Alter von 78 Jahren wurde er erneut als Hochschullehrer anerkannt und war bis zu seinem Lebensende in den Heilstätten Wittenau tätig. Diese Einrichtung trug zwischenzeitlich den Namen Karl-Bonhoeffer-Nervenklinik und wurde im Berliner Volksmund als „Bonnies Ranch“ bezeichnet (inzwischen umbenannt in Humboldt-Klinikum).

Bortz, Jürgen 1943-2007

Grablage: 15-157

Der Psychologe und Statistiker wurde 1972 an die Technische Universität Berlin berufen und übernahm die Abteilung für Psychologische Methodenlehre. Bortz ist vor allem durch sein seit 1977 erscheinendes Statistik-Lehrbuch für Sozialwissenschaftler bekannt geworden, das an vielen deutschen Instituten Standardlektüre ist und von Professoren und Studenten kurz „Der Bortz" genannt wird.

Braun, Alfred 1888-1978

Grablage: 18K-102

Schauspieler, Regisseur, Rundfunkpionier, 1954 Intendant des Sender Freies Berlin. 1924 begann seine Tätigkeit beim Funk, zunächst als Sprecher, später auch als Regisseur der Funk-Stunde Berlin, dem ersten Radiosender Deutschlands. In die Geschichte eingegangen sind seine Live-Reportagen unter anderem von der Trauerfeier für Gustav Stresemann (1929) und der Verleihung des Nobelpreises an Thomas Mann (1929). Auch bei dem ersten deutschen Hörspiel mit dem Titel „SOS ... rao rao ... Foyn" wirkte er mit.

Braun, Mark 1962-2008

Grablage: 20 Wald-6A/B

Der bei dem Stararchitekten Norman Foster tätige Architekt wurde mit der Bauleitung des Umbaus des Reichstagsgebäudes zum Deutschen Bundestag beauftragt. Er gilt Vielen als der eigentliche Schöpfer der gläsernen Kuppel des Reichstags. Danach gründete er das unter seinem Namen firmierende Büro. Sein wichtigstes Projekt war in der Folge das SAP-Gebäude an der Rosenthaler Straße in Berlin-Mitte. Mit seinen Bauten bekannte Mark Braun sich zu einer dynamischen, kompromisslos modernen Architektursprache.

Brosig, Wilhelm 1913-2003

Grablage: 18 D-6

Der weltbekannte Urologe leistete Pionierarbeit: 1963 gelang ihm am damaligen Klinikum Charlottenburg der FU die erste Nierentransplantation in Deutschland. 1965 schaffte er die erste radikale Prostatektomie, die Entfernung der Prostata. Noch als 89-Jähriger mischte er sich in die Politik ein und kämpfte mit anderen gegen die Schließung des Fachbereichs Humanmedizin der FU. „Ich protestiere auf das Heftigste", schrieb er im Januar 2002 an den Regierenden Bürgermeister.

Bruckner, Ferdinand 1891-1958

Grablage: 20 Wald 1F

Theodor Tagger nahm aus Verehrung für seine Wiener Landsleute Ferdinand und Anton Bruckner sein Pseudonym an. Schriftsteller, Gründer des Renaissance-Theaters 1922, Dramaturg am Schiller- und am Schlossparktheater.

Buchholz, Erich 1891-1972
Buchholz-Starck, Helene 1902-1989

Grablage: II Ur 10-7-2

Als Maler und Grafiker schuf er wichtige Beiträge zur konstruktivistischen Kunst und stand dem Dadaismus nahe. 1933 erhielt er Berufsverbot, konnte sich in späteren Jahren aber vor allem der progressiven Architektur widmen. Seine Frau Helene war ebenfalls Malerin und Zeichnerin.

Buhtz, Herbert 1911-2008

Grablage: IV 1-48

Der Ruderer Buhtz errang viele deutsche und europäische Titel im Einer und Doppelzweier. Er wurde 1932 bei den Olympischen Spielen in Los Angeles Gewinner der Silbermedaille im Doppelzweier (mit Gerhard Boetzelen) für den Berliner Ruder-Club (BRC).

Nach dem Ende des Zweiten Weltkrieges war der promovierte Zahnarzt Gründungsvorsitzender bei der Wiederbegründung des BRC und des Berliner Regattavereins von 1881 (heute Landesruderverband Berlin).

Cadenbach, Joachim 1925-1992

Grablage: 10-284

Er war ein vielbeschäftigter Schauspieler, Regisseur, Moderator und Synchronsprecher. Als Rundfunksprecher arbeitete er für die Sender RIAS, SFB und NWDR. Einem breiten Publikum wurde seine Stimme in insgesamt 325 Sprechrollen bei der Synchronisation bekannt, unter anderem lieh er seine Stimme dem weisen Panther „Baghira" in der Verfilmung des Dschungelbuchs. Außerdem schrieb er eine Biographie über Hans Albers.

Man kann ihn und seine Stimme bei YouTube unter dem Stichwort „IAA 1969" erleben, als er die Eröffnung der Internationalen Automobilausstellung moderierte.

Dehms, Alexander 1904-1979

Grablage: II Ur 3-186

SPD-Politiker, vom Volksgerichtshof wegen Hochverrat zu 10 Jahren Zuchthaus verurteilt, ab 1951 im Abgeordnetenhaus, 1955 Verdienste um das „Berliner Büchereigesetz", das die öffentlichen Bibliotheken auf eine bessere Grundlage stellte.

Deman-Leider, Frida 1888-1975
Deman, Rudolf 1880-1960

Grablage: 19 N-26/27

Sopranistin und bedeutende Kammersängerin der 1920er und 1930er Jahre, 1948-1958 Professur an der Berliner Musikhochschule.

Der Geiger, Konzertmeister und Musikpädagoge an der Berliner Staatsoper musste als Jude 1938 in die Schweiz emigrieren. Offiziell ließ sich das Ehepaar 1943 scheiden, lebte aber nach dem Krieg wieder zusammen.

Donner, Wolf 1939-1994

Grablage: II Wald-7

Er war Filmkritiker und als solcher von 1977 bis 1979 Festivalleiter der Berlinale, der Internationalen Filmfestspiele Berlin. Er arbeitete daran, die Berlinale weg von der Repräsentationsschau zu einem Arbeitsfestival zu entwickeln und neue Publikumsschichten zu erschließen, beispielsweise durch Einführung eines Kinderfilmfests und einer „Deutschen Reihe". Als Publizist schreib er unter anderem für den „Spiegel".

Drenkmann, Günter von 1910-1974

Grablage: 20 C-45/46

Der einer Juristenfamilie entstammende von Drenkmann zeigte im Dritten Reich Rückgrat, weil er keiner NS-Organisation beitrat und wegen dieser Einstellung auch nicht im Staatsdienst tätig wurde. Als einer der wenigen unbelasteten Juristen machte er nach dem Krieg Karriere als Richter und wurde 1967 Kammergerichtspräsident in Berlin.

Am 10. November 1974 versuchten mehrere Terroristen, ihn zu entführen, doch bei einem Handgemenge erlitt er eine tödliche Schussverletzung. Tatort war seine Wohnung in der Bayernallee 10, nur wenige Gehminuten vom Friedhof Heerstraße entfernt. Die terroristische Vereinigung „Bewegung 2. Juni", die ein Jahr später bei der Entführung der Berliner CDU-Politikers Peter Lorenz erneut für Schlagzeilen sorgte, bekannte sich zu der Tat. Das Attentat konnte bis heute nicht endgültig aufgeklärt werden, da in den folgenden Prozessen keinem Mitglied der „Bewegung 2. Juni" der Mord nachgewiesen werden konnte.

An der Trauerfeier für von Drenkmann vor dem Schöneberger Rathaus nahmen mehr als 20.000 Berlinerinnen und Berliner teil.

Drews, Wilhelm Arnold 1870-1938

Grablage: 11 A

Der als Bill Drews bekannte Jurist war der letzte Innenminister im Kaiserreich und erwarb sich große Verdienste bei der Verwaltungsreform in der Weimarer Republik als Präsident des Preußischen Verwaltungsgerichts. Sein Spezialgebiet war das Polizeirecht, wobei unsere heutige Polizeirechtslehre von Drews stark geprägt ist.

Dührssen, Annemarie 1916-1998

Grablage: II Ur 6-522

Als Psychiaterin, Psychotherapeutin und Professorin an der FU Berlin setzte sie sich für die Verständigung zwischen Psychoanalyse und Psychiatrie ein. Ihr ist es zu verdanken, dass bestimmte psychische Erkrankungen in den Leistungskatalog der Krankenkassen aufgenommen wurden. Sie war zeitweilig Vorsitzende der „Deutschen Psychoanalytischen Gesellschaft".

Düttmann, Werner 1921-1983

Grablage: II W 12 A-20

Der Architekt und langjährige Senatsbaudirektor hat zahlreiche Spuren im Berliner Stadtbild hinterlassen. Unübersehbar ist vor allem die heute unter Denkmalschutz stehende Verkehrskanzel aus dem Jahre 1955 am Kurfürstendamm Ecke Joachimsthaler Straße. Ferner stammen von ihm der Neubau der Akademie der Künste im Tiergarten, das (alte) Kudamm-Eck, das Brücke-Museum, die damals fortschrittliche Jugendbücherei am Hansaplatz sowie vieles mehr. Er wird als einer der bedeutendsten Vertreter der Nachkriegsmoderne eingestuft.

Dylong, Fritz 1894-1965

Grablage: 18 L-99

SPD-Politiker, 1951 bis 1959 Vorsteher der Bezirksverordnetenversammlung von Charlottenburg, Stadtältester.

Eckert, Peter 1939-2010

Grablage: 6 CA-15/16

Der Architekt entschloss sich nach seinem Studium, den Weg als Künstler fortzusetzen und entwickelte sich zu einem beachteten Landschaftsmaler. Seine Frau Inga Seehusen-Eckert sagt über seine Arbeit: „Von der Abstraktion zum Realismus. Faszination durch Spiegelung, und damit Verfremdung, in Natur und Architektur."

Edwards, Edyth Paula 1899-1956

Grablage: 15-164

Die Schauspielerin war eine der begabtesten Bühnendarstellerin in Berlin. Sie spielte sowohl Rollen der Klassik als auch der Moderne an fast allen Theatern der Hauptstadt. Vor dem Krieg beispielsweise im „Theater an der Königgrätzer Straße" sowie am Staatstheater, nach dem Krieg im Schlossparktheater und Hebbel-Theater.

Ihre Grabplatte aus griechischem Marmor gestaltete der Bildhauer Richard Scheibe, der Schöpfer des Ehrenmals für die Opfer des 20. Juli 1944 im Bendlerblock.

Ehn, Leonore 1888-1978

Grablage: 18 B-5

Schauspielerin. Opfer sowohl des NS-Regimes als auch des Stalinismus, da nach der Emigration in die Sowjetunion im Jahre 1935 ihr Mann dort verfolgt wurde.

Fiedler, Erich 1901-1981

Grablage: II Ur 6-106

Der Schauspieler und Synchronsprecher gab sein Debüt auf der Bühne im Deutschen Theater im Jahre 1922. Bekannt wurde er aber in seinen mehr als 100 Filmrollen. Fast 40 Jahre lang war er ein gefragter Chargendarsteller, der wegen seiner hohen Stimme oft in komischen oder tragikomischen Rollen besetzt wurde. Seine Filmpartner waren so berühmte Stars wie Heinrich George, Hans Albers, Heinz Rühmann oder Lilo Pulver.

Gabka, Joachim 1926-2006

Grablage: II W 10-140/141

Der Mediziner wirkte in Berlin beim Virchow-Klinikum und in der Schlosspark-Klinik und erwarb sich große Verdienste im Bereich der Kiefer-, Gesichts- und plastischen Chirurgie. Er hat Standard-Werke in seinem Fachgebiet verfasst wie beispielsweise „Hasenscharten und Wolfsrachen (Entstehung und Behandlung)" oder „Handbuch der plastischen Chirurgie". Da er aber gleichzeitig leidenschaftlicher Briefmarkensammler war, verband er geschickt Beruf und Hobby: Dies mündete in Büchern mit so schönen Titeln wie „Weltchronik in Briefmarken" in drei umfangreichen Bänden.

Gessner, Albert 1868-1953

Grablage: II Wald 9-2

Der Architekt arbeitete vor allem auf dem Gebiet des Geschosswohnungsbaus und entwickelte sich zu einem Reformer des städtischen Mietwohnbaus. Sein Vermächtnis legte er in seinem Hauptwerk nieder: „Das deutsche Miethaus. Ein Beitrag zur Städtekultur der Gegenwart." Von 1924 bis 1937 war er Profesor an der TH Berlin-Charlottenburg. Sein erstes Haus in Berlin entstand 1904 in der Mommsenstraße 6, das heute unter Denkmalschutz steht.

Goth, Rolf von 1906-1981

Grablage: II Ur 3-219

Der Schauspieler startete seine Filmkarriere 1927 mit einer Nebenrolle im Film „Metropolis" von Fritz Lang. Er wurde vorzugsweise in den 1930er Jahren als Galan und Liebhaber besetzt.

Nach dem Krieg startete er eine neue Karriere als Regisseur für Hörspiele beim Nordwestdeutschen Rundfunk und beim SFB. Dort war er für mehr als 200 Hörspiele verantwortlich.

Gothan, Walther 1879-1954

Grablage: II W 10-134h

Walther Ulrich Eduard Friedrich Gothan war Geologe und Paläobotaniker und wurde 1926 Professor an der TH Charlottenburg. Nach dem Zweiten Weltkrieg arbeitete er für die Akademie der Wissenschaften der DDR und die Humboldt-Universität Berlin.

Gothan verfasste über 300 wissenschaftliche Arbeiten zur Paläobotanik, vor allem über die Stein- und Braunkohlenflora, und zur Kohlenpetrologie.

Besonders beliebt ist seine Antwort auf die Frage „Was ist ein Geologe?":

> *Ein Steine klopfendes, Salzsäure tropfendes, Rucksack schleppendes, Fossilien abknöppendes oder auch klauendes, bodenwärts schauendes, Berge aufbauendes oder versetzendes, drob sich ergötzendes, schofel bekleidetes und doch beneidetes, Erde aufwühlendes, mit Bier sich kühlendes, häufig fluchendes, Quellen suchendes, dieses begründendes, Erze erschürfendes, viel Geld bedürfendes, überall reisendes, vieles beweisendes, meistens rauchendes, in jedes Loch krauchendes, Karten antuschendes , und oft verpfuschendes, Sammlung vermehrendes, Profile begehrendes, und kombinierendes, oft sich blamierendes, stratigraphierendes, mikroskopierendes, petrographierendes, Verworfenheit liebendes,*

alles überschiebendes, Bohrlöcher stoßendes, Tinte verquosendes, viel zu viel schreibendes, bei seiner Meinung bleibendes, in Büchern büffelndes, Gegner anrüffelndes, ganz unglaubliches künftiges Fossil.

Gronostay, Uwe 1939-2008

Grablage: II W 13-104/105

Der Chordirigent und spätere Professor an der HdK Berlin leitete in Berlin und Amsterdam verschiedene Chöre und hatte internationales Ansehen. In einem Nachruf heißt es:

Mit seinen Ensembles spielte er über 50 Schallplatten und CDs ein, viele von ihnen wurden mit internationalen Preisen ausgezeichnet. Er leistete Pionierarbeit bei der Wiederentdeckung verschollenen Repertoires der Romantik und der Moderne (Hindemiths Messe, Ernst Kreneks Lamentatio Jeremiae Prophetae u.a.), unternahm zahlreiche Tourneen durch Europa und in die USA und gründete zur Heranbildung des Sängernachwuchses einen eigenen Studiengang Rundfunk-/Konzertchor an der Hochschule der Künste.

Gruner, Wolfgang 1926-2002

Grablage: II W 10-88/89

Als „Berliner mit Schnauze“ brillierte er auf der Bühne, vor allem im bereits 1949 gegründeten und noch heute existierenden Kabarett „Die Stachelschweine“.

Die Solo-Vorträge von Gruner mit den Stachelschweinen gehörten zu den großen Touristenattraktionen der Nachkriegszeit. Nebenbei wurde sein Restaurant „Die Kneipe“ in der Rankestraße zu einem Treffpunkt Berliner Künstler.

Haack, Käthe 1897-1986
und ihre Tochter Hannelore Schroth 1922-1987

Grablage: 16 J-27

Mutter und Tochter waren beide theaterbesessen und spielten an fast allen großen Bühnen in Deutschland. Beide begannen ihre Laufbahn im Alter von 16 Jahren: Die Mutter debütierte in Berlin u.a. im Lessing-Theater und weiteren Bühnen; die Tochter entfloh dem Pensionat in Lausanne und wurde sofort für den Film engagiert.

Käthe Haack brachte es nach dem Krieg zu zahlreichen Bühnenerfolgen, vor allem als Mrs. Higgins in dem Musical „My Fair Lady" glänzte sie in unglaublichen rund 1500 Vorstellungen.

Hannelore Schroth war ebenfalls im Film tätig, auch und vor allem in der Synchronisation. Sie verhalf unter anderem Gina Lollobrigida, Shirley MacLaine und Elizabeth Taylor zu einer deutschen Stimme.

Haase, Volkmar 1930-2012

Grablage: 8 B-123/125

Der Bildhauer Volkmar Haase ist vielfältig im Berliner Stadtbild vertreten, beispielsweise mit dem Deportationsmahnmal an der Putlitzer Brücke. Seine Skulpturen sind oft aus Edelstahl und meist für den öffentlichen Raum konzipiert. An Berliner Straßen und in Berliner Parks finden sich über 40 zum Teil monumentale Skulpturen. Curt Grützmacher schreibt:

> *In allen Arbeiten von Volkmar Haase findet eine expansive Verräumlichung statt. Seine vor Bauwerken stehenden Plastiken sind der dialektische Gegenpol zur ruhenden Baumasse, ein dynamischer Akzent. Wesentlich tragen dazu die Eleganz der Form und die Oberflächenreize des Materials bei, das immer primär bleibt, ohne dass versucht wird, seine Herkunft durch künstliche Bearbeitung zu verdecken.*

Harden, Maximilian 1861-1927

Grablage: 8 C-10

Der Schriftsteller, Kritiker und Journalist gehört zu den Gründern der „Freien Bühne“ sowie des „Deutschen Theaters“ in Berlin und leitete von 1892 bis 1922 die einflussreiche Wochenzeitschrift „Die Zukunft“. Als er 1923 schwere Verletzungen bei einem Attentat von rechtsradikalen Tätern erlitt, zog er sich in die Schweiz zurück.

Helberger, Alfred 1871-1946

Grablage: 20 C-12/13

Landschafts- und Porträtmaler im Stil des Impressionismus und Fauvismus. Auf dem Höhepunkt seiner Karriere gehörte er zu den wichtigsten Malern Berlins. 1937 wurde er jedoch von den Nazis mit einem Ausstellungsverbot belegt. Nach dem Tod seiner jüdischen Frau im Jahre 1945 beging Helberger Selbstmord.

Hempel, Frieda 1884-1955

Grablage: I Erb 12

Sie debütierte 1905 und sang zunächst in Berlin, wo ihr begeisterter Fan Kaiser Wilhelm II. war. Folgerichtig gründete sich ihr Ruhm auf den Beinamen „Des Kaisers Lerche“. Aus Schwerin, wo sie zwischenzeitlich sang, kehrte sie bald auf Bitten des Kaisers wieder nach Berlin an die Berliner Hofoper zurück. 1912 folgte sie einem Ruf an die Metropolitan Opera New York, wo sie in Enrico Caruso einen ebenbürtigen Gesangspartner fand.

Herbst, Jo 1928-1980

Grablage: 7 G-13/14

Er gehörte neben Günter Pfitzmann, Wolfgang Gruner und Wolfgang Neuss zu den Publikumslieblingen des Kabaretts „Stachelschweine" von 1950 bis 1964.

Er trat als Schauspieler in dem Film „Wir Kellerkinder" auf und schrieb für den Film „Das Mädchen Rosemarie" die Songs. Für andere Kabaretts, für Film und Fernsehen war er ein gefragter Textschreiber.

Hildebrand, Hilde 1897-1976

Grablage: 6 F-12

Revuestar, Schauspielerin, Sängerin unter anderem im Duett mit Gustaf Gründgens. Sie wirkte zwischen 1920 und 1971 in mehr als 100 Filmen und TV-Produktionen mit. 1964 erhielt sie das „Filmband in Gold".

Sie konnte mit subtilem Humor in Liedern wie „Komm, spiel mit mir Blindekuh" und „Beim ersten Mal da tut's noch weh" auch beschwingte Weisen interpretieren, doch ihre Stärke waren die leisen und zärtlich-lasziven Töne, die sie mit ihrer angerauten Stimme zum Klingen brachte.

Höffer, Paul 1895-1949

Grablage: II W 12-245

Er gewann 1936 bei den Olympischen Spielen in Berlin eine Goldmedaille, aber nicht als Sportler, sondern als Komponist. Sein Chorwerk „Olympischer Schwur" erhielt diese Auszeichnung.

1945 war er Mitbegründer des Berliner Musikinstituts für Ausländer; 1948 übernahm er das Direktorat der Hochschule für Musik.

Höllerer, Walter 1922-2003

Grablage: 16 D-7/8

Der Literaturwissenschaftler schrieb Gedichte, Romane, Kritiken und Nachworte. Bekannt wurde er aber durch die Gründung der Zeitschriften „Akzente“ und „Sprache im technischen Zeitalter“, die zu den wichtigsten literarischen Foren der Bundesrepublik wurden. Durch seine Tätigkeit als Herausgeber und Kritiker sowie als Lehrstuhlinhaber an der TU Berlin prägte Höllerer das geistige Leben einer ganzen Epoche mit. 1963 gründete er das „Literarische Colloquium Berlin“, das bis heute ein bedeutender Treffpunkt für Autoren und Talente ist.

Holm, Claus (eigentlich Helmut Gerhard Ozygus) 1918-1996

Grablage: 20 B-1a

Der ursprünglich als Bergmann und Boxsportler tätige Schauspieler kam in den 1940er Jahren zum Film und hatte bei der DEFA eine kurze Karriere, unter anderem in den Filmen „Ehe im Schatten“ und „Das Beil von Wandsbek“. Später nach dem Wechsel nach West-Berlin war er im Film meist in Nebenrollen engagiert, konzentrierte sich eher auf Bühnenrollen.

Husemann, Carl 1898-1987

Grablage: 19 D-17/18

Der Kulturtechniker mit den Forschungsschwerpunkten Moorkultur, Melioration und Grünlandstandorten war seit 1953 Professor und Direktor an der TU Berlin. Er gründete die „Zeitschrift für Kulturtechnik und Flurbereinigung“ und setzte in dieser Zeitschrift durch die Aufnahme von Publikationen aus technischen, biologischen und ökonomischen Disziplinen neue Maßstäbe für die Weiterentwicklung der Kulturtechnik zu einer interdisziplinär orientierten Wissenschaft.

Jansen, Hermann 1869-1945

Grablage: 7 C-20

Architekt, Stadtplaner, Professor für Städtebau an der TH Charlottenburg. Sein städtebaulicher Entwurf von 1910 unter dem Motto „In den Grenzen der Möglichkeit" enthielt Vorschläge für die Ansiedlung der Bewohner, die Schaffung von Verkehrsverbindungen durch kreuzungsfreie Hauptverkehrsstraßen und zusammenhängende Grünflächen statt der bis dahin üblichen Schmuckplätze. Jansens Planungen wurden teilweise umgesetzt und finden sich noch heute ansatzweise im Stadtbild Berlins.

Joel, Curt Walter 1865-1945

Grablage: 6 D B-10/11

Jurist, Verwaltungsbeamter, Politiker. Während der Zeit der Weimarer Republik galt Joël als „Zentralgestalt der deutschen Justiz", da er lange Jahre Schlüsselpositionen in der Justizverwaltung bekleidete. Als Reichsjustizminister trat er 1932 zurück, da er nicht die Wiederzulassung von SA und SS verantworten wollte.

John, Karl 1905-1977

Grablage: 16 D-32/33

Seine Schauspielkunst rettete ihm das Leben: Als ihn die Gestapo 1943 wegen eines von ihm geäußerten Hitler-Witzes verhaften wollte, mimte er einen Sturz und ließ sich wochenlang wegen eines angeblichen Schädelbasisbruchs behandeln. Nach dem Krieg wirkte er als Schauspieler, unter anderem in dem Film „Des Teufels General" und in vielen weiteren Filmen, vor allem in Krimis.

Kaskeline, Wolfgang 1897-1973

Grablage: 18 E-58

Der filmbegeisterte Werbegrafiker spezialisierte sich auf den Trickfilm und erwarb sich zwischenzeitlich den Ruf, die „deutsche Antwort auf Walt Disney“ zu sein. Seinen Durchbruch als Trickfilmproduzent erwarb er seit den 1920er Jahren mit Werbefilmen für Continental, Muratti oder Sarotti.

Mit seiner 1926 gegründeten Kaskeline-Film produzierte er nach dem Krieg weiterhin Werbe- und Dokumentarfilme. Dort wurden in dreijähriger Lehrzeit auch Kameraleute, Schnittmeister und Trickfilmzeichner ausgebildet. Seit 1962 wurde der Betrieb von seinen Söhnen Horst und Heinz Kaskeline weitergeführt. 1987 gründeten Heinz und Ehefrau Jutta Kaskeline die nach ihm benannte Kaskeline-Filmakademie in Berlin, eine staatlich anerkannte, berufsbildende Einrichtung.

Klose, Margarete 1899-1968

Grablage: I Ur-8

Opernsängerin (Alt) an der Berliner Staatsoper und auf Gastspielen rund um die Welt. Dozentin am Salzburger Mozarteum.

In den1930er und 1940er Jahren galt Klose als bedeutende deutsche Altistin, insbesondere als Wagner-Interpretin war sie auch international bekannt. Daneben sang sie Verdi und Richard Strauss und war eine beliebte Oratorien- und Lied-Sängerin. Besonders in den frühen Jahren ihrer Karriere wirkte sie auch in Aufführungen moderner Werke mit.

Kock, Hans-Werner 1930-2003

Grablage: 13 B-6a

Hans-Werner Kock war eine Berliner Legende als Moderator und Reporter beim Sender Freies Berlin zunächst im Radio, später im Fernsehen. Er war ein Begriff, ein Stück Berliner Medienkultur. Sein Abschiedsgruß „Macht's jut, Nachbarn" zum Ende einer Sendung wurde geradezu sprichwörtlich.

Die Berliner Zeitung schreibt über „Mister Abendschau" 2003:

> *Stets mit der gleichen sonoren Unaufgeregtheit berichtete der groß gewachsene, etwas füllige Kock über das brennende Kreuzberg am 1. Mai wie über die „Filzokratie" im Schöneberger Rathaus; er war stolz auf die prominenten Gäste der alljährlichen Berlinale und schlemmte sich wie alle Berliner begeistert durch die Grüne Woche.*
>
> *Er berichtete bereits als junger Reporter über den Mauerbau 1961 vom Checkpoint Charlie und war auch beim Mauerfall dabei, als er seinen letzten Großeinsatz als Chefreporter absolvierte. In einer bundesweit ausgestrahlten mehrstündigen Sonderausgabe der Abendschau kommentierte er in den Morgenstunden des 10. November 1989 die historischen Ereignisse der vorangegangenen Nacht mit hörbar bewegter Stimme.*

Kolneder, Wolfgang 1943-2010

Grablage: 16 K-22/23

Er war Dramaturg, Regisseur und Vordenker des Grips-Theaters. Der Leiter dieses Theaters und engster Mitarbeiter von Kolneder – Volker Ludwig – schreibt über ihn:

> *1974 wurde er der erste Dramaturg des Grips-Theaters. Vorher leitete er das Theater im Zimmer in Tübingen. Er zog uns den anderen Theatern vor, weil Grips im Gegensatz zu sonstigen Kunstproduzenten „gebraucht" werde. Er wurde schnell unser intellektueller Vordenker. Was wir nur so im Bauch hatten, hat er zündend und dauerhaft formuliert. Und schon nach einem Jahr war er als Regisseur unseres ersten Jugendstücks gefordert: „Das hältste ja im Kopf nicht aus". Von 1975 bis 1978 war das Stück 210 Mal ausverkauft und 1976 zum Berliner Theatertreffen eingeladen. Es folgten weitere Regiearbeiten, die das Grips nachhaltig prägten… Er war nicht nur der Regisseur von „Linie 1", sondern auch ihr Dramaturg, der dieses Projekt vom ersten Tag an begleitete, beflügelte und befeuerte. Er gab mir Schreibregeln auf: „Zuerst alle Songs schreiben! Und nicht an die Umsetzung auf der Bühne denken!" Zu Probenbeginn war das Stück nicht mal halb fertig. Das Finale bauten wir gemeinsam zwei Wochen vor der Premiere. Der Erfolg, an den viele bei der Uraufführung 1986 nicht geglaubt hatten, war bekanntlich unvorstellbar und dauert bis heute an.*

Kowa, Victor de 1904-1973
und seine Ehefrau Michiko de Kowa-Tanaka 1909-1988

Grablage: 16 G-29

Victor de Kowa war Schauspieler, Regisseur, Drehbuchautor und von 1945 bis 1950 Intendant der Berliner Tribüne, Berliner Staatsschauspieler.

Seine Ehefrau Michikow de Kowa-Tanaka war eine rund um die Welt berühmte und gefeierte Sängerin und Schauspielerin auf der Bühne und im Film.

Das Grabmal ist von Richard Scheibe, dem Schöpfer vom Ehrenmal der Opfer des 20. Juli 1944 im Hof des Bendlerblocks, Berlin 1953.

Kronsbein, Helmut „Fiffi“ 1914-1991

Grablage: 16 J-37/38

Helmut Kronsbein spielte beim 1. FC Köln 1948/49 an der Seite von Hennes Weisweiler und Hans Schäfer. Nach einer Trainerausbildung bei Sepp Herberger erreichte er 1952 mit seinem ersten Verein (TSG Ulm 1946) den Aufstieg in die Oberliga Süd und legte den Grundstein für eine langjährige Trainerlaufbahn.

Sein größter Erfolg wurde die Deutsche Meisterschaft mit Hannover 96 im Jahre 1954. Später wurde er der Rekordtrainer von Hertha BSC. Von 1966-1974 und noch einmal im Dezember 1979 befehligte der als streng geltende Mann die Berliner. Seine Bilanz bei Hertha ist beeindruckend: 1968 Aufstieg in die Bundesliga, 3. Platz 1970 und 1971, 212 Spiele mit 89 Siegen, 51 Remis und 72 Niederlagen. 1966 schied man im europäischen Pokal (damals „Messepokal“) gegen den FC Barcelona nur unglücklich nach einem 1:1 durch Losentscheid aus.

Kühl, Kate 1899-1970

Grablage: 8 C-65 (Grab aufgehoben, Grabstein liegt aber noch)

Die Kabarettistin, Chansonnière und Schauspielerin hatte ihre große Zeit in den 1920er Jahren mit Texten von Tucholsky, Bert Brecht oder Walter Mehring. Als entschiedene Kriegsgegnerin hatte sie später Berufsverbot, legte sich aber auch nach dem Krieg mit der SPD an, deren Aufrüstungsprogramm sie ablehnte.

Kühne, Hans-Joachim 1918-2008

Grablage: II W 13-7/8/9

Schon kurz nach dem 2. Weltkrieg begann sich der Firmen-Gründer Hans-Joachim Kühne mit Heilkräutern, deren Anwendung und Wirkung zu beschäftigen und sammelte so eine Vielzahl von Veröffentlichungen zu jahrhundertealten Erfahrungen und neusten wissenschaftlichen Erkenntnissen. Aus dem dadurch gewonnenen Wissen um die Wirksamkeit vieler Pflanzen und Heilkräuter heraus stellte sich der Firmengründer in den frühen 50er Jahren das Ziel, einer breiten Allgemeinheit diese Heilkräuter und das Wissen um deren Verwendung und Wirkung zur Verfügung zu stellen.

Die Firma Kräuter-Kühne existierte von 1957 bis 2007 in der Rheinstraße in Berlin-Steglitz und hatte zwischenzeitlich 13 Filialen.

Kühne, Wolfgang 1953-2008

Grablage: II Ur 10-1-31

Der als Schauspieler und vor allem als Sprecher zuerst in der DDR, ab 1984 im Westen wirkende Kühne war vor allem mit seiner markanten Stimme ein Erlebnis. In einem Nachruf heißt es:

Er war wohl die erste echte Station Voice in Deutschland und hatte damit Anteil am Erfolg zahlreicher Sender. „Was für eine Röhre", raunten wir uns damals neidvoll und mit echter Bewunderung bei 104.6 RTL zu. Er hatte echtes Talent, und er hat etwas daraus gemacht.

Künneke, Eduard 1885-1953 und seine Tochter Evelyn Künneke 1921-2001

Grablage: II W 7-61

Der Vater komponierte Opern, Singspiele und zahlreiche populäre Operetten, was ihm den Ehrentitel „Operettenkönig" einbrachte. Sein erfolgreichstes Werk war die später verfilmte Operette „Der Vetter aus Dingsda".

Die Tochter war zunächst Solo- und Stepptänzerin, ehe sie zum Gesang wechselte. Nach dem Krieg erlangte sie Berühmtheit als Filmschauspielerin und wurde von Rainer Werner Fassbinder und Rosa von Praunheim besetzt. Bis ins hohe Alter tingelte sie durch die Berliner Szenelokale und sang Chansons im Trio „Drei Alte Schachteln" mit Brigitte Mira und Helen Vita.

Lange, Horst H. 1924-2001

Grablage: 5 G-3

Er war als Jazzdiscograph ein unermüdlicher Sammler der einschlägigen Schallplatten. Daraus resultierten mehrere Standardwerke, u.a. „Die deutsche Jazz-Discographie. Eine Geschichte des Jazz auf Schallplatten von 1902 bis 1955". Seine intimen Kenntnisse des Jazz brachte er auch in vielen Radiosendungen unters Publikum. Sein Nachlass wog schließlich 6 Tonnen und enthielt mehr als 20.000 Schellackplatten sowie zahlreiche Kataloge, Bücher und Zeitschriften zum Thema.

Langstein, Leopold 1876-1933

Grablage: 18 L-197/198

Der Kinderarzt jüdischer Abstammung war ein hervorragender Organisator auf dem Gebiet der Gesundheits- und Wohlfahrtspflege und hat wesentlichen Anteil an der Schaffung des Berufsbildes der Säuglingsschwester und der Gesundheitsfürsorgerin.

Führend war Langstein bei der Gründung des Fünften Wohlfahrtsverbandes und der Deutschen Liga der freien Wohlfahrtspflege beteiligt. Er war Mitglied des Reichs- und preußischen Landesgesundheitsrates und des Präsidiums des Deutschen Zentralkomitees zur Bekämpfung der Tuberkulose.

Lasky, Melvin Jonah 1920-2004

Grablage: 16 F-32/33

Der Publizist kam als Kulturoffizier der US-Streitkräfte nach Berlin. Er machte sich einen Namen als Vertreter der antistalinistischen Linken. Während der Berlin-Blockade gründete er die Zeitschrift „Der Monat", die zu einem wichtigen antikommunistischen Periodikum der Nachkriegszeit wurde.

Michael Naumann bezeichnete ihn in einem Nachruf als „Feuerkopf des Kalten Krieges". Sein Grabmal sieht aus wie ein Schreibtisch voller Bücher und Zeitschriften.

Lehnartz, Klaus 1936-2008

Grablage: 14 Erb 12b

Die berühmtesten Fotos vom Mauerbau in Berlin 1961 mit dem NVA-Soldaten beim Sprung in den Westen oder einem Schützenpanzer am Brandenburger Tor schuf der junge Fotograf Klaus Lehnartz, der später viele Jahre beim Presse- und Informationsamt der Bundesregierung tätig war.

Auch beim Mauerfall war er wieder als Fotograf dabei und dokumentierte somit eindrucksvoll Beginn und Ende der deutschen Teilung.

Lewald, Theodor 1860-1947

Grablage: 7 C-19

Der hochrangige Beamte des Deutschen Reiches und Sprecher der Reichsregierung machte sich als Sportpolitiker einen Namen. Er setzte als Veranstaltungsort der Olympischen Spiele Berlin durch, die allerdings wegen des Weltkrieges ausfielen. 1919 gründete er das „Deutsche Olympische Komitee“ und die „Deutsche Hochschule für Leibesübungen“. 1936 war er dann als Präsident des Organisationskomitees der Olympischen Spiele in Berlin maßgeblich für das Bild verantwortlich, wie sich Berlin der Welt zeigte.

Lowenthal-Hensel, Cécile 1923-2012
Ernst-Gotfried Lowenthal 1904-1994

Grablage: 18 E-36

Cécile Hensel war eine Historikerin, deren besonderes Interesse der Familie Mendelssohn galt, denn sie war die Ur-Ur-Ur-Enkelin des Aufklärungsphilosophen Moses Mendelssohn (1729-1786). Sie gründete 1967 die Mendelssohn-Gesellschaft, deren langjährige Vorsitzende sie war. Sie publizierte 17 Bände der Mendelssohn-Studien und drei Bände über ihren Urgroßvater Wilhelm Hensel (1794-1861), der Königlicher Hofmaler war und mehr als eintausend Porträtzeichnungen hinterlassen hat.

1968 heiratete sie den Historiker Ernst-Gottfried Lowenthal, der nach seiner Emigration nach England wieder in Deutschland lebte. Er schrieb Hunderte Artikel und Aufsätze zur deutsch-jüdischen Geschichte, was ihm den Beinamen „Biograph des Judentums“ einbrachte.

Maltzan, Maria von 1909-1997

Grablage: 13 C-11

Die den stolzen Namen Maria Helene Françoise Izabel Gräfin von Maltzan, Freiin zu Wartenberg und Penzlin führende Tierärztin konnte sich im Dritten Reich immer wieder den Nachstellungen der Gestapo entziehen, obwohl sie ab 1937 sehr aktiv im Widerstand tätig war. Sie war von der Jugend an rebellisch eingestellt und lebte recht unkonventionell, hatte zahlreiche Affären, rauchte Pfeife und Zigarre.

Sie verhalf Verfolgten zur Flucht, besorgte falsche Pässe und führte die Flüchtenden durch die Kanalisation von Berlin. Zudem war sie maßgeblich an der „Aktion Schwedenmöbel" beteiligt: In Möbeln, die schwedische Staatsbürger nach Hause schicken durften, wurden Juden und politisch Verfolgte versteckt. Man geht davon aus, dass sie mehr als 60 Menschen vor Verfolgung schützte.

Auch nach dem Kriege geriet sie mitunter in Konflikt mit der Obrigkeit, wenn sie gesellschaftlich benachteiligten Menschen half oder in ihrer Tierarztpraxis in Kreuzberg die Hunde der Punks kostenlos behandelte.

1987 wurde ihr in Yad Vaschem Jerusalem der Ehrentitel „Gerechte unter den Völkern" verliehen.

Martin, Karlheinz 1888-1948

Grablage: II Erb 31

Regisseur und Intendant, Mitbegründer der Tribüne (1919). Nach dem Krieg in den 1940er Jahren begründete er erneut mit großen Inszenierungen wie „Dreigroschenoper“ oder „Nachtasyl“ die Theatermetropole Berlin.

Ita Maximowna (eigentlich Margarita Maximowna Schnakenburg, 1901-1988) war seine Frau und eine der bedeutendsten Bühnenbildnerinnen, Kostümdesignerinnen und Grafikerinnen Deutschlands.

Megede, Ekkehard zur 1926-2005

Grablage: II Ur 8-85

Das was heute gang und gäbe ist, nämlich die Anhäufung von Statistiken im Sport, praktizierte er schon in den 1950er Jahren.
Er war Sportjournalist beim „Tagesspiegel“ und hatte hervorragende Verbindungen in die Welt der Leichtathletik.

Als Mitbegründer des weltweiten Verbundes der Leichtathletik-Statistiker (Association of Track and Field Statisticians) im Jahre 1950 und im Auftrag der IAAF (International Association of Athletics Federations) publizierte er die erste detaillierte Auflistung zur Entwicklung der Leichtathletik-Weltrekorde. Seine Dokumentation mit allen Ergebnissen der Leichtathletik bei den Olympischen Spielen von 1896 bis 1996 umfasst 716 Seiten.

Mensch, Gerhard 1880-1940

Grablage: 14-15

Bei bedeutenden Bauwerken stehen meist die Architekten im Mittelpunkt der Aufmerksamkeit, doch sind die Bauingenieure oft genauso wichtig, wenn sie auch kaum einmal erwähnt werden.

Bei Gerhard Mensch gilt vielleicht eine Ausnahme, was die Popularität betrifft. Er war an mehreren Ikonen der Architektur in Berlin maßgeblich beteiligt. Das begann bereits 1910 mit dem Bau der legendären Turbinenhalle der AEG, setzte sich 1924 mit der ersten europäischen Ampelanlage am Potsdamer Platz fort und war mit dem Shell-Haus noch lange nicht beendet. Der großartige Erweiterungsbau der Reichsbank (1933), der heute das Auswärtige Amt beherbergt, zeugt von seiner besonderen Qualität.

Er konstruierte auch eine Brücke über die Drina im damaligen Serbien, wenn auch nicht die berühmte Brücke in Višegrad.

Eine seiner berühmten Tragwerksplanungen: Das Shell-Haus von Emil Fahrenkamp (1932)

Moosdorf, Johanna 1911-2000

Grablage: 18 L-137

Der Politikwissenschaftler Paul Bernstein und die mit ihm verheiratete Schriftstellerin Johanna Moosdorf ließen sich nach 1933 pro forma scheiden, da er Jude war und sie nicht publizieren durfte. Während sie mit den Kindern fliehen konnte, wurde er später im KZ Theresienstadt ermordet. Nach dem Krieg in Berlin lebend und arbeitend, hatte sie einige Erfolge mit Romanen. An ihrem Wohnhaus in der Westendallee wurde 2006 eine Gedenktafel angebracht mit dem Text:

> *Im Mittelpunkt ihres Schaffens stand der unaufgearbeitete Faschismus im Alltag und dessen Kontinuität in Deutschland. Besondere Aufmerksamkeit fanden ihre unkonventionellen Frauengestalten.*

Neusel, Walter 1907-1964

Grablage: II W 13-227/228

Der als „Blonder Tiger" im Schwergewicht boxende Neusel hatte in den USA einige spektakuläre Erolge, ehe er am 26. August 1934 in Hamburg gegen Max Schmeling kämpfte und verlor. Die Schätzungen der Besucherzahl schwanken zwischen 80.000 und 180.000; jedenfalls war und blieb es der größte Boxkampf in Europa.

Als Walter Neusel am 3. Oktober 1964 in seiner Kneipe „Zum blonden Tiger" in der Suarezstraße starb, befand sich sein Sohn Peter Neusel in Tokio, wo er wenige Tage später im Vierer mit Steuermann Olympiasieger wurde. Der Sohn trat in die Fußstapfen seines Vaters, aber nicht als Boxer, sondern als Kneipenwirt.

Otterson, Heinz 1928-1979

Grablage: 15-162

Vielseitiger Künstler, Maler, Bildhauer, Installationen, Literatur. Seine Spezialität waren Gebilde aus Schrott, die ihm den Spitznamen „Schrotterson“ einbrachten.

Panschow, Albert 1860-1953

Grablage: 8 B-103 B/C

Albert Panschow war ehrenamtlich als Armenpfleger in Charlottenburg tätig. Im Dezember 1910 war er Stadtverordneter, ab November 1919 Mitglied des Magistrats von Charlottenburg und nach Gründung der Stadtgemeinde Groß-Berlin Mitglied der Bezirksversammlung und als Dezernent für die Grundeigentumsverwaltung und für die Sparkasse Charlottenburg zuständig. 1930 „Stadtältester“.

Pels-Leusden, Hans 1908-1993

Grablage: 7 G-20/21

Der Buch- und Kunsthändler veranstaltete in den 1960er Jahren in seiner Galerie weit beachtete Ausstellungen. Aus einer Retrospektive für Käthe Kollwitz entwickelte sich das der Künstlerin gewidmete Museum, das 1986 in der Fasanenstraße eröffnet wurde (und einem Umzug in die Nähe des Schlosses Charlottenburg entgegensieht).

Pelz von Felinau, Josef 1895-1978

Grablage: 8 B-1/2

Er war in den 1920er Jahren als Schriftsteller, Regisseur, Drehbuchautor, auch als Kabarettist und Schauspieler tätig. Der Hörfunk wurde nach dem Zweiten Weltkrieg sein Medium, für das er Hunderte von Hörspielen und Features schrieb.

Pepping, Ernst 1901-1981

Grablage: 20 C-61

Er gilt als einer der wichtigsten protestantischen Kirchenmusiker des 20. Jahrhunderts, der vor allem geistliche Werke für Chor schrieb und zum wichtigsten Erneuerer der evangelischen Kirchenmusik wurde.

Pepping erhielt für sein Schaffen zahlreiche Ehrungen, unter anderem war er Ehrendoktor der Freien Universität Berlin sowie der Kirchlichen Hochschule Berlin, deren Arbeit heute die Evangelische Fachhochschule Berlin fortführt.

Peters, Werner 1918-1971

Grablage: II W 13-215/216

Die Rolle seines Lebens spielte er 1951 in dem DEFA-Film „Der Untertan" nach dem Roman von Heinrich Mann. Der Kalte Krieg brachte es mit sich, dass dieser Streifen ungekürzt erst nach 30 Jahren im Westteil des Landes gezeigt werden konnte.

Der Rollentyp des Untertan haftete ihn sein Leben lang an, auch als er längst in West-Berlin zu einem vielbeschäftigten Schauspieler geworden war.

Auch als Synchronsprecher war er gefragt. Als 1963 der Klassiker „Der dritte Mann" neu synchronisiert wurde, lieh er Orson Welles seine Stimme.

Piefke, Joachim 1921-2003

Grablage: II Ur 3-227

Im Nachruf des Tagesspiegel heißt es:

Als BVG-Chef von 1969 bis 1986 stand der „Mann mit der Fliege" an der Spitze des Verkehrsbetriebes. Wer damals Bus oder U-Bahn fuhr, war nicht mit der BVG, sondern „mit Piefke" unterwegs. Den Betrieb kannte er von oben und unten. Seine Karriere hatte er als Busfahrer begonnen. Eine Laufbahn als Rundfunk-Reporter brach er auf Wunsch des Vaters ab. Vor Mikrofonen und Kameras trat Piefke aber bis zu seinem Abschied als BVG-Chef gerne auf. Für seine Arbeit hatte er das Bundesverdienstkreuz 1. Klasse erhalten, worauf er besonders stolz war.

Rexrodt, Günter 1941-2004

Grablage: 16 A-40/41

Der FDP-Politiker nahm viele Funktionen in seiner Partei, im Abgeordnetenhaus und Senat von Berlin sowie im Bundestag ein. 1993 wurde als Bundesminister für Wirtschaft in die von Bundeskanzler Kohl geführte Bundesregierung berufen. Nach der Bundestagswahl 1998 schied er aus der Bundesregierung aus.

Richter, Horst-Eberhard 1923-2011

Grablage: 16 C-57

Der Psychoanalytiker, Psychosomatiker und Sozialphilosoph verfasste zahlreiche Bücher zu den Themen psychoanalytische Familienforschung und Familientherapie. In Ergänzung zu Sigmund Freuds Analysen der Kind-Eltern-Beziehungen untersuchte er die krankmachende Wirkung gestörter Eltern auf ihre Kinder.

Mit seinem 1981 veröffentlichten Buch „Alle redeten vom Frieden" wurde er zu einer Leitfigur der Friedensbewegung und gründete 1982 die deutsche Sektion der „Ärzte für die Verhütung des Atomkrieges", die 1985 den Friedensnobelpreis erhielt. Im Nachruf des Psychosozial-Verlags wird sein Lebenswerk so gewürdigt:

> *Richter hat – anders als die meisten Autoren der damaligen Zeit, die sich mit dem Phänomen der Gruppe beschäftigten – sowohl deren politische als auch ihre psychologische und psychotherapeutische Bedeutung erkannt. Er hat deutlich gemacht, dass es sich hierbei tatsächlich um eine soziale Neuerfindung handelt: Der Typus der spontanen, hierarchiefreien und mit den Mitteln der Selbstreflexion sich organisierenden Gruppe stellt in der Tat ein gesellschaftliches Novum dar, das vom emanzipatorischen Teil der Jugend- und Studentenbewegung kreiert worden ist.*
> *Für Richter ist die Psychoanalyse nicht nur eine tiefenpsychologische Behandlungsmethode, sondern, und vielleicht zuallererst, ein Instrument der Aufklärung einer sich sozialanalytisch begreifenden Wissenschaft von Mensch und Gesellschaft. Allein in den Jahren 1972 bis 1981 schreibt er die fünf Bücher, die diese neue Ära eines ganzheitlichen Konzepts von Psychoanalyse einleiten und quasi zur Pflichtlektüre für eine breite Schicht politisch aufgeklärter Bürger werden.*

Romahn, Michael 1956-1999

Grablage: 12 B-9

Die seit 1840 bestehende Gipsformerei der Staatlichen Museen Preußischer Kulturbesitz besitzt Tausende Formen plastischer Kunstwerke. Michael Romahn war dort zunächst als Stuckateur tätig und qualifizierte sich zu dem seltenen Beruf des „Gipskunstformermeisters" und schließlich zum Leiter der Einrichtung. Sein Grabmal zeigt ein Beispiel seiner Kunst. Als er sich 1999 einer Herzoperation unterziehen musste, die schließlich auch zu seinem Tod führte, schrieb er seinen Kollegen: „Anbei sind 500 DM, dieses Geld ist meine Abschiedslage. Macht's gut und gebt dem neuen Meister 'ne Chance."

Rose, Willi 1902-1978

Grablage: II Ur 10-1-22

Der Bühnen-und Filmschauspieler wurde in den 1930er Jahren bekannt durch Rollen in den Filmen „Die göttliche Jette“, „Urlaub auf Ehrenwort“ oder „Zirkus Renz“. Nach dem Krieg entwickelte er sich zum Prototypen des Berliner Volksschauspielers und feierte an der Seite von Brigitte Mira große Erfolge.

Sabo sen., Oscar 1881-1969 und sein Sohn Oscar Sabo jun. 1922-1978

Grablage: II W Ur 3-136

Vater und Sohn hatten nicht nur den gleichen Vornamen, sondern übten auch beide den Beruf des Schauspielers aus, vornehmlich in komödiantischen Rollen. Der Senior trat vor allem als Sänger in Operetten von Walter Kollo hervor. Im Film verkörperte er Chauffeure, Schaffner, Polizisten, Kutscher, Briefträger und andere eher subalterne Figuren,.

Der Junior spielte im Film und in Fernsehproduktionen ähnlich wie sein Vater Chargen aller Arten – Polizisten, Taxifahrer, Handwerksmeister, Soldaten und Wirte. In seinen letzten Lebensjahren absolvierte er aber auch einige Kurzauftritte in Sketchformaten mit den beliebten Komikern Dieter Hallervorden und Harald Juhnke.

Samter, Alice 1908-2004

Grablage: IV-3-26

Erst 1945 fand die erste öffentliche und erfolgreiche Aufführung eines Werkes der Komponistin statt. Seither werden ihre mehr als 300 Werke sowohl in Österreich, Frankreich, Holland, Venezuela, Australien, Schweden und in den USA oft und gerne aufgeführt und gespielt.

2002 wurde ihre Nelly-Sachs-Oper „Nachtwache“ drei Jahrzehnte nach ihrer Entstehung in Berlin-Spandau uraufgeführt.

Schaeffers, Willi 1884-1962

Grablage: 15-157

Der Kabarettist, Conférencier, Kabarettleiter und Schauspieler war bereits im Dritten Reich ab 1938 mit dem „Kabarett der Komiker“ erfolgreich. In der NS-Zeit verhielt er sich opportunistisch. Ob er als „Mitläufer“ oder als regelrechter Sympathisant der Nazis einzustufen ist, ist umstritten. Das Kabarett „Tingel-Tangel“ wurde ab 1958 die erste Adresse für Kabarett in West-Berlin.

Zahlreichen Talenten verhalf er zu ersten Bühnenerfolgen, beispielsweise Lale Andersen, Peter Frankenfeld, Brigitte Mira, Grethe Weiser, Klaus-Günter Neumann, Georg Thomalla, Heinz Erhardt oder Evelyn Künneke.

Seine Lebensmaxime steht auf seinem Grabstein. Es sind die Zeilen von Richard Dehmel:

Was wir sammeln, was wir speichern, mag‘s die Erben noch bereichern, einst vergeht‘s. Nur der Schatz der Seelenspenden wächst, je mehr wir ihn verschwenden, jetzt und stets.

Willi Schaeffers 1938 im Kabarett der Komiker mit der maskierten Lene Ludwig

Scheer, Hermann 1944-2010

Grablage: 16 A-20/21

Der langjährige SPD-Funktionär und Bundestagsabgeordnete gestaltete maßgeblich die Umwelt- und Energiepolitik seiner Partei, zumal er energisch für die Förderung von alternativen Energien eintrat. Er war offenbar sehr weit vorausschauend, als er 2010 sagte: „Knapp sind nicht die erneuerbaren Energien, knapp ist die Zeit."

Er erhielt für seine Arbeit den Alternativen Nobelpreis und wurde Vorsitzender des „Weltrats für Alternative Energien".

Schieder, Otto 1938-1998

Grablage: II W 7-7/8

1989-1998 leitete Otto Schieder das Institut für Biologie der Freien Universität Dahlem. Er wurde 1984 für das Gebiet Somatische Zellgenetik berufen. Mit dieser Ausrichtung wurden Zellhybriden und die genetische Transformation als neue Methoden der Pflanzenzüchtung eingeführt. Um den Bedürfnissen der neuen Arbeitsschwerpunkte gerecht zu werden, wurde 1990 ein modernes Laborgebäude eingeweiht.

Schleusing, Carl (1865-1953)

Abteilung II Ur 6-339

Graveur und Ziseleur in der Gold- und Silberwarenindustrie. Er entwarf Theaterkulissen, fertigte Porträts von Politikern, Königen und Kirchenmännern und er malte Landschaften im Stile seiner Zeit.

Promoviert wurde er allerdings als Naturheilkundler und hatte auch eine außerordentliche Professur in diesem Gebiet inne, allerdings in den USA, wo er abwechselnd mit Berlin lebte.

Schollwer, Edith 1904-2002

Grablage: 12 B-32/33

„Hier ruht die letzte Insulanerin" steht auf ihrem Grabstein und sie war wirklich mit ihren 98 Jahren die letzte Sängerin, die an die legendären Auftritte im Radiokabarett „Die Insulaner" im RIAS erinnerte. Sie sang von 1949 bis 1964 das Erkennungslied der Sendung, das so etwas wie die Durchhaltehymne im Kalten Krieg wurde:

Der Insulaner verliert die Ruhe nicht,
der Insulaner liebt keen Getue nicht,
Der Insulaner hofft unbeirrt,
dass seine Insel wieder ein schönes Festland wird.

In zahlreichen Radio- und Fernsehproduktionen, auf Veranstaltungen und im Kabarett spielte und sang sie bis ins hohe Alter.

Scholtis, August 1901-1969

Grablage: 6 B-9

Scholtis, der auch unter dem Pseudonym Alexander Bogen publizierte, hatte 1932 mit seinem Roman „Ostwind" im Fischer-Verlag einen Sensationserfolg.

Hier wie in seinen weiteren Veröffentlichungen behandelte er vor allem das Schicksal Oberschlesiens, das nach dem ersten Weltkrieg von Aufständen und Auseinandersetzungen zwischen Polen und Deutschen geprägt war.

Seine Texte zeichneten sich durch ungewöhnlich intensive Sprach- und Bildkraft aus und waren mitunter skurril und nicht immer „stubenrein", wie ein Freund konstatierte.

Nach dem Zweiten Weltkrieg setzte er sich für die Verständigung mit Polen und der Tschechoslowakei ein.

Schuhmann, Carl 1869-1946

Grablage: II W7-48

Der gelernte Goldschmied turnte ab 1889 für den Berliner Turnverein und nahm an den ersten Olympischen Spielen 1896 in Athen teil.

Er wurde dort der erfolgreichste Athlet und errang vier Olympiasiege in so unterschiedlichen Sportarten wie Pferdsprung, Barren, Reck und Ringen. Allerdings gab es damals noch keine Goldmedaille, ein Ölzweig und eine Gedenkmünze mussten ausreichen. In weiteren fünf Sportdisziplinen war er jeweils unter den Top Ten.

Besonders der Sieg im Ringkampf gegen den Griechen Georgios Tsitas sorgte für Schlagzeilen, da Schuhmann mit 1,63m der kleinste Teilnehmer war, der Kampf insgesamt 65 Minuten dauerte und sich über zwei Tage erstreckte. „Sie sind jetzt der populärste Mann in Griechenland, Sie sind populärer als ich", gratulierte der griechische König.

In der deutschen Turnriege war 1896 neben Schuhmann auch Alfred Flatow erfolgreich, der zwei Goldmedaillen mit der Mannschaft gewann und den ersten jüdischen Sportverband in Europa gründete. Im Zweiten Weltkrieg versucht Schuhmann, seinen Sportfreund vor den Nazis und der Deportation zu retten. Vergeblich: Flatow wird 1942 im KZ Theresienstadt ermordet.

Die beiden übereinander liegenden Sporthallen in der Charlottenburger Schloßstraße tragen seit 1998 den Namen „Carl Schuhmann Hallen".

Die Breifmarke zeigt eine Szene aus Athen.

Spier, Wolfgang 1920-2011

Grablage: 16 G-24/25

Er war als Regisseur, Schauspieler, Moderator und Synchronsprecher erfolgreich. Seine Auftritte in den Berliner Kabaretts, in vielen Theaterstücken und später in TV-Shows brachten ihm den Spitznamen „König des Boulevardtheaters" ein. Im Nachruf des „Tagesspiegel" heißt es:

> *Der Moment gehörte zu jeder Inszenierung der Wölffer-Bühnen am Ku'damm. Kaum trat dieser Schauspieler aus der Kulisse, klatschte das Publikum Beifall. Da war noch kein Satz gefallen, es war eine Geste von Freude und Dankbarkeit und Einverständnis: Ein Stück mit Wolfgang Spier, das versprach, nein, das garantierte Heiterkeit und Ablenkung.*

Steckel, Leonard 1901-1971

Grablage: II W C-34

Der in Galizien geborene Schauspieler und Regisseur feierte in den 1920er Jahren seine Erfolge an verschiedenen Berliner Theatern. Als „Jude" eingestuft, rettete er sich 1933 in die Schweiz und schrieb dort Exil-Theatergeschichte. 1952 inszenierte er im Theater am Kurfürstendamm mit „Kiss me Kate" das erste amerikanische Musical in Deutschland.

Suthaus, Ludwig 1906-1971

Grablage: II Ur 3-124

Ludwig Suthaus galt als Naturtalent. Und Wilhelm Furtwängler hielt den Tenor für einen der besten seines Fachs. Die ganz große internationale Karriere blieb Suthaus zwar versagt, der Zweite Weltkrieg kam dazwischen, doch seine Leistungen als Wagner-Sänger bleiben unbestritten. Folgerichtig wurden seine Auftritte im Bayreuther Festspielhaus der Höhepunkt seiner Karriere. Er selbst äußert sich so zu einer seiner Leistungen:

Und ich muss Ihnen sagen, ich habe gerade den „Tristan" nicht weniger als über 230 Mal gesungen, unter 28 Dirigenten, weltberühmt, Mailänder Scala, wo sie wollen. Und es waren immer neue Inszenierungen, da wissen sie, was man an Substanz hergeben muss in dieser Partie.

Tiedtke, Jakob Karl 1875-1960

Grablage: II Ur 6-129 G

Schauspieler an Berliner und Wiener Bühnen. Als Filmdarsteller glänzte er als Vollblutkomödiant unter anderem in Filmen von Ernst Lubitsch.

Voelker, Alexander 1913-2001

Grablage: 8 B-42

Er war seit 1931 Mitglied der SPD und langjähriger Kreisvorsitzender und Bezirksverordneter in Tempelhof. Alexander Voelker war Mitglied der Stadtverordnetenversammlung und des Abgeordnetenhauses. Von 1958 bis 1973 war er Vorsitzender der SPD-Fraktion im Abgeordnetenhaus.

Volle, Walter 1913-2002

Grablage: 6 F-30

Sportler und Sportfunktionär. Walter Volle hat diverse Titel im Rudern errungen und brachte es fertig, gleich zweimal Olympiasieger zu werden: Zum ersten Mal 1936 in Berlin-Grünau im Vierer mit Steuermann, zum zweiten Mal als Cheftrainer des Berliner Ruder-Clubs in der gleichen Bootsklasse bei Olympia 1964 in Tokio.

Wagner, Horst 1931-2011

Grablage: 18 L-198a

Die „Welt“ schreibt über ihn:

Sein Einfluss reichte immer weiter, als sein öffentliches Auftreten ahnen ließ. Horst Wagner war bis 1995 dreieinhalb Jahrzehnte der starke Mann in der IG Metall Berlin und dazwischen bis Anfang 1991 SPD-Senator für Arbeit, Verkehr und Betriebe im 22 Monate amtierenden rot-grünen Senat Momper. Auf ihn trifft auch heute das Motto zu: „Mehr sein als scheinen.“ Der mächtige Gewerkschaftsführer, der auch bei Siemens, Osram, Orenstein & Koppel sowie der Neuen Heimat im Aufsichtsrat saß, bevorzugte einen ruhigen, sachlichen und geradlinigen Arbeitsstil.

Wandrey, Eduard 1899-1974

Grablage: II W 12-90/91

Der meist in kleineren Rollen im Film und Fernsehen tätige Schauspieler war nach 1950 vor allem in der Synchronisation beliebt, wo er in insgesamt 458 Sprechrollen seine tiefe und voluminöse Stimme prominenten Schauspielern lieh.

Besondere Popularität erreichte er in der deutschen Fassung der Zeichentrickserie „Familie Feuerstein“, für die er ab 1969 als deutscher Sprecher des Fred Feuerstein agierte. Auch Yogi Bär wurde von ihm gesprochen.

Weber, Annemarie 1918-1991

Grablage: II Ur 6-332

Als Journalistin und Schriftstellerin arbeitete sie für viele Zeitungen und Zeitschriften. Themen ihrer Romane und Storys sind die Erfahrungen einer emanzipierten Frau im Berlin vor und nach dem Kriege.

Wegner, Kurt 1898-1964

Grablage: 12 D-19/20

Als SPD-Abgeordneter saß er 1931/32 im Preußischen Landtag sowie im Reichstag.

Nach der nationalsozialistischen Machtübernahme musste er seine Tätigkeit als Politiker und Redakteur aufgeben.

Nach dem Krieg trat Wegner wieder in die SPD ein. Er wurde Vorsitzender des SPD-Ortsvereins von Eichwalde und Bürgermeister der Gemeinde. 1949 floh Wegner nach West-Berlin, um sich der bevorstehenden Verhaftung durch die Behörden der SBZ zu entziehen. Seine Karriere beendet er als Bezirksbürgermeister von Charlottenburg.

Wewerka, Stefan 1928-2013

Grablage: Erb 5 A-3

Das Markenzeichen des Architekten, Designers und Künstlers wurde sein classroom chair von 1970 und gehört zu seinen diversen Möbelskulpturen, die er als „Denkmöbel" bezeichnete. In einer Kritik seiner Werke heißt es:

> *Diese für ihn „intellektuell riskante, waghalsige Idee" führte zunächst zu einer Befreiung von der Funktion des Gegenstandes, um diesen, dennoch immer eindeutig erkennbar, auf die höhere Ebene der Kunst zu bringen. Das humorvolle, eigensinnige Verschieben der Perspektive(n) – sein Projekt das „Verschieben des Kölner Domes" hier in Köln sicher eines der ungewöhnlichsten Vorhaben – war für Stefan Wewerka nie ein brutaler Akt der Zerstörung, sondern immer auf eine neue ästhetische Spannkraft hin gedacht und auf eine grundsätzliche Analyse von Volumen und Raum angelegt. (koelnarchitektur.de)*

Er selbst äußerte sich provokant wie folgt:

> *So manchen Bau könnte man abreißen, die Materialien sorgfältig sammeln, um daraus wieder etwas Neues zu errichten als Demonstration dafür, daß Architektur, soll sie eine künstlerische Auffassung ausdrücken, nicht nur eine Angelegenheit von Geld, sondern von Phantasie und Vernunft zugleich ist.*

Wieck, Dorothea 1908-1986

Grablage: 18 K-21

Bekannt wurde die Schauspielerin durch den Film Mädchen in Uniform von 1931. Die Unterdrückung der erwachenden lesbischen Sexualität in einem autoritär und körperfeindlich geführten Internat wird in diesem Film zu einem beeindruckenden Symbol für das konservativ-militärische Erziehungssystem der Weimarer Zeit.

Als gefeierte Schauspielerin war Dorothea Wieck mehrmals Tischdame von Adolf Hitler. Ihre letzte Rolle spielte sie 1973 in der Folge der Krimiserie „Der Kommissar".

Windeck, Agnes 1888-1975

Grablage: 18 K-122

Ihr Fach waren die komischen Alten und quengeligen Schreckschrauben, die Oma Köpcke in den „Unverbesserlichen", die Mrs. Higgins in „My Fair Lady", die Ku'damm-Tratsche im Funkkabarett „Die Insulaner". Auch in deutschen Filmklamotten war sie eine gerngesehene schrullige Tante. Agnes Windeck entstammte feinen Hamburger Verhältnissen und ging mit 16 Jahren ans Theater, populär aber wurde sie erst mit 50 im Berlin der Nachkriegszeit. Auch als Schauspiellehrerin wirkte sie, Kulenkampff gilt als ihr Meisterschüler. (Der Spiegel).

Zitzewitz, Augusta von 1880-1960

Grablage: II W 12-300

Die Berliner Porträtmalerin lebte und arbeitete von 1932 bis 1960 in der Reichsstraße in Berlin-Westend.

Im Dritten Reich galt ihre Kunst als „entartet" und sie konnte weder arbeiten noch ausstellen. Nach dem Krieg hatte sie mehrere Ausstellungen in Charlottenburg.

Personenregister

(Bestattete fett gedruckt)

Praktische Informationen

Waldfriedhof Heerstraße
Trakehner Allee 1
14053 Berlin
Tel. Friedhofsbüro: (030) 2847-1708
E-Mail: friedhoefe@charlottenburg-wilmersdorf.de

S- und U-Bahnhof Olympiastadion

Verwaltung: Bezirksamt Charlottenburg-Wilmersdorf von Berlin – Straßen- und Grünflächenamt

Öffnungszeiten:
April bis September 7 – 20 Uhr
Oktober bis März 8 – 18 Uhr

https://www.berlin.de/ba-charlottenburg-wilmersdorf/

Bibliographische Information:
Die Deutsche Nationalbibliothek verzeichnet diese Publikation
in der Deutschen Nationalbibliografie; detaillierte bibliografische Daten
sind im Internet über https://portal.dnb.de/ abrufbar.

2., überarbeitete Ausgabe

Heidekampweg 17
12437 Berlin
www.edition-progris.de

edition progris ist Mitglied der Verlagskooperation lesen lokal:
www.lesen-lokal.de | Wir machen die Bücher aus Berlin und Brandenburg.

Autor: Dietmar Strauch
Lektorat: Susan Riedel, Helmut Krauß
Satz und Fotos der Grabsteine: Lisa Vanovitch
Druck: Flyeralarm GmbH

Printed in Germany

ISBN: 978-3-88777-055-6

Rundgang B

Dieser Spaziergang beginnt an der Böschung unterhalb der Trauerhalle. Dort befindet sich die Stele für den CDU-Politiker Jürgen Wohlrabe (19).

Daneben in unmittelbarer Nähe sind die Gräber der Frauenrechtlerin Else Ulich-Beil (20), der Widerstandskämpfer Anneliese und Georg Groscurth (21) sowie Klara Bloch (22).

Schräg gegenüber finden wir das gemeinsame Grab der Frauenrechtlerinnen Helene Lange (23) und Gertrud Bäumer (24).

Nun machen wir einen Schwenk vorbei am Grab des Schauspielers Horst Buchholz (25) und des Kolonialbeamten Heinrich Schnee (26), um wieder auf die Hauptallee zu gelangen.

Dort erreichen wir in dichter Folge die Gräber von Georg Kolbe (27), Loriot (28), des Kunsthistorikers Max Friedländer (29), des Bankiers Max Steinthal (30) sowie des „Schwarzwalddoktors" Klausjürgen Wussow (31).

Nun führt uns der Spaziergang hinunter zum „Sausuhlensee".

Auf der „Uferstraße" stoßen wir auf das Grab zweier Brüder, deren Eltern aus dem zaristischen Russland auswanderten, da sie von den antisemitischen Maßnahmen drangsaliert wurden. Im vergleichsweise liberalen preußischen Königsberg fanden sie eine neue Heimat.

Der ältere der beiden Brüder ist Oskar Minkowski (32), der als Mediziner Geschichte schrieb.

Der jüngere der beiden Brüder ist Hermann Minkowski (33), der ebenfalls eine fulminante wissenschaftliche Karriere hinlegte.

Einige Grabstellen weiter ruht der Berliner Bildhauer Günter Anlauf (34), dessen Enkelin spontan beim Anblick der Figur ausgerufen haben soll: „Ein Arsch mit Ohren!" Einige Schritte weiter am Ufer entlang sehen wir das Grab des Schriftstellers Arno Holz (35).

Die nächsten Stationen am Ufer sind der Dramaturg Felix Hollaender (36) und François Haby (37), der Barbier und Friseur des Kaisers.

Weiter am Ufer sind zu finden: Der Schlager-Texter Marcellus Schiffer (38), der Bildhauer Rudolf Heltzel (39) sowie der Schauspieler Günter Meisner (40).

Bei der nächsten Abzweigung verlassen wir den Uferweg und finden links die Gräber des Schauspielers Paul Wegener (41), seines Sohnes Peter Paul (42), des Gitarristen „Eff Jott" Krüger (43) und des Liedermachers Ulrich Roski (44).

Wir steigen nun den Pfad empor, um unterhalb der Trauerhalle den Grabstein der Filmemacherin Thea von Harbou (45) zu finden. Gleich daneben erinnert ein Findling an den Sänger Gunter Gabriel (46).

Die letzte Station des Rundgangs erreichen wir kurz vor dem Ausgang bei der Grabwand des Museumsgründers Hans Maria Wingler (47).

Rundgang A

Wir beginnen unseren Spaziergang am Haupteingang Trakehner Allee und finden auf der Rückseite des Verwaltungsgebäudes eine Treppe, die über mehrere Terrassen in den unteren Bereich des Friedhofs führt.

Auf der ersten Terrasse gleich rechts ist das Grab des Geburtshelfers Erich Saling (1) zu finden.

Auf der dritten Terrasse wenden wir uns in den Weg nach rechts und finden nach wenigen Schritten die nächste Station unseres Rundweges, die Grabanlage für Franz Ullstein (2).

Einige Schritte weiter auf diesem Weg befindet sich das Grab des Schauspielers Vadim Glowna (3).

Das prägnante Edelstahl-Denkmal der Familie Seidler (4) folgt, bevor wir am Ende des Weges schließlich den Bariton Dietrich Fischer-Dieskau (5) finden.

Nach einigen Schritten sieht man auf der linken Seite den Grabstein des Mediziners Willibald Pschyrembel (6).

Um die nächste Station, das Grab von Grethe Weiser (7), zu erreichen, schlagen wir den Pfad bis zur Grenze des Friedhofs ein. Kurz vor Zaun und Bahndamm sehen wir auf der linken Seite ihren Grabstein.

Wenn wir den Weg zurück verfolgen, finden wir am Rondell das Grab des großen Sprachvirtuosen Joachim Ringelnatz (8), der eigentlich Hans Bötticher hieß und ein echter „Westender“ war.

Hinter dem Hauptweg auf der linken Seite können wir bei Willi Kollo (9) eines seiner beliebten Lieder anstimmen.

Weiter abwärts an dem Rasen-Oval, das mit mächtigen Bäumen bewachsen ist, erreicht man rechts das Grab des Lyrikers Theodor Däubler (10) und daneben den Grabstein von George Grosz (11).

Auf der anderen Seite das Rondells befindet sich das Grab des Theater-Ehepaares Valérie von Martens und Curt Götz (12).

Nach einem Abstecher zum Grab des Berliner Box-Idols Gustav „Bubi“ Scholz (13) schlendern wir zur „Prachtstraße“ des Friedhofs. Beste Lage, freier Seeblick und daher reichlich Prominenz.

Als erstes Grab finden wir einen Findling des Schriftstellers Hans Scholz (14).

Als nächstes fällt ein gewaltiger weißer Steinquader ins Auge, der von Georg Kolbe gestaltet ist. Unter dieser Platte liegt Paul Cassirer (15), der 1898 eine Galerie gründete, die stilbildend war.

Rechts neben diesem Grab ist sein Bruder Alfred Cassirer (17) bestattet.

Kurioserweise zu den Füßen ihres zeitweiligen Ehepartners Paul Cassirer, der sich ihretwegen erschossen hat, liegt Tilla Durieux (16).

Einige Schritte weiter erreichen wir das Grab des Chirurgen Moritz Katzenstein (18).